国与家的博弈

中国儿童福利制度发展史

姚建平 / 著

格致出版社 上海人民出版社

序

在中国当前的社会保障研究中，儿童福利是一个被长期忽略的重要领域。尽管义务教育得到了普遍发展，但从福利视角来研究儿童的需求、权益却未受到学界的关注，在政府主导的社会保障体系中亦缺乏相应的制度安排，这可能与中国传统文化强调家庭对儿童的哺育责任与保障功能有关。时至今日，尽管家庭的生产功能伴随着工业化时代的到来而逐渐弱化，家庭的保障功能也伴随着核心家庭化、少子高龄化及生活方式的现代化而逐渐弱化，但中国人重视家庭的传统并没有多大变化，中国的家庭一直有着极其强大的人文、社会功能。这一传统决定了无论经济多么发达、社会如何发展，家庭仍是中国人普遍信赖的、可靠的、稳定的生活保障和依靠，人们在遭遇困难或提供帮助时，首先求助或帮助的是家庭内部的成员，之后再按亲疏远近推及他人乃至整个社会。换言之，社会成员的哺幼、养老问题及生活困难的缓解，以及多种生活服务需求的满足，在很大程度上能通过家庭成员相互扶持的方式来解决。基于这个原因，除义务教育等个别项目外，由国家提供的儿童福利迄今仍然局限于孤残儿童、流浪儿童、受艾滋病影响儿童等失去家庭保护的儿童。

然而，中国的经济和社会发展到今天，家庭能否在未来一直为儿童提供强大的社会保护功能，确实已经成为一个值得深思的现实问题。一方面，30 多年来工业化、城市化、现代化进程的加快，不仅使中国经济获得了持续高速增长，国内生产总值已经居于世界第二位并向世界最大经济体快速迈进，而且造就了劳动力的高流动性和代际分离居住的普遍性，传统的家庭与邻里关系正在发生深刻变化。另一方面，在计划生育政策的影响下，中国的家庭结构走向核心家庭化，户均人口规模从20世纪50年代前的5.3人下降到1990年的3.96人，到2013年时的户均人口已不足3人；40%以上的家庭已是单人家庭或“二人世界”；生育率大幅度下降成为当今中国的客观事实，如果没有人口政策的重大调整，人口负增长的局面也会在中国出现。在这样的背景下，尽管目前年老的一代人仍然有大量精力去帮助子女照顾孩子，但下一代人能否像他们的父辈那样照顾好第三代人，无疑是一个值得深思的问题。是继续让家庭承担儿童健康成长的福利责任，还是加快发展政府主导的、社会化的儿童福利事业，已经成为一个必须明确回答的重大政策问题。

实际上，我们的近邻日本早就出现了人口负增长的趋势，韩国在2008年成为世界上人口出生率最低的国家。基于这样的现实，鼓励生育和帮助家庭养育儿童成了日本、韩国这类低生育率国家儿童福利供给的主要动机。与此相适应，这些国家的儿童福利事业也在不断发展中走向健全和完备。

中国历史上的社会福利是国家向孤残老幼妇和官吏提供的福利性措施，包括相应的物质待遇、精神褒奖和福利设施。历史上中国也出现过育婴堂、慈幼庄等面向儿童的国家福利设施。更为重要的是，中国历史上社会保障最基础的层次其实是家庭保障及其延伸——家族保障、邻里互助，这种非正式的制度安排具有强大且持久的生命力，然后是政府负责的制度性保障，最后才是社会提供的慈善。时至今日，虽然以家庭为中心的传统非正式福利制度对儿童成长不可或缺，但国家在儿童生存和发展等方面也发挥着越来越重要的作用。中国已有针对儿童的专门立法，例如《未成年人保护法》、《义务教育法》等，为儿童的教育机会获得和免受侵害提供了法律保障，但总体来看，中国的儿童福利制度还未健全，立法层次偏低，重要的儿童福利制度大多以《意见》、《通知》等政策文件的形式存在。例如，2010 年 12 月民政部和财政部发布的《关于发放孤儿基本生活费的通知》、2011 年 8 月国务院办公厅发布的《关于加强和改进流浪未成年人救助保护工作的意见》、2013 年 3 月民政部发布的《关于发放艾滋病病毒感染儿童基本生活费的通知》、2011 年 11 月国务院发布的《关于实施农村义务教育学生营养改善计划的意见》等。上述政策措施针对的还只是儿童中的一小部分，是面向特殊困难儿童提供的救助性福利，它与城乡居民对普遍性儿童福利的需求相距甚远。因此，要真正建成适合中国国情的健全的儿童福利制度，还有很长一段路要走。

中国已经进入了少子高龄化时代，传统的儿童福利供给方式正面临着重大挑战，要求建立社会化的普遍性儿童福利制度的呼声日益高涨，这不仅需要国家在儿童福利制度建设上做出回应和调整，而且特别需要理论学术界关注、重视儿童福利事业的研究，并为相关政策抉择提供理论背景与依据。姚建平博士关注儿童福利已有多年，取得过一些学术成果，他最近完成的这本书，堪称中国社会保障领域难得的专门研究儿童福利制度的著作。作者从国家与家庭的视角，系统分析了中国儿童福利制度的历史发展过程，同时提出了中国未来儿童福利制度的基本框架，对于我们全面认识中国的儿童福利制度和尽快构建适合国情的现代儿童福利制度，都有很高的参考价值。我应当对该成果的完成与公开出版表示祝贺，并期望更多的青年学者能够像他一样，关注儿童与儿童福利事业，为促进儿童的健康成长和中国社会保障体系的不断完善做出积极的贡献。

是以为序。

郑功成

目　录

第一章

绪论

第一节 | 问题的提出

在“儿童福利”这个概念提出之前，儿童福利早就是已经存在的社会现象。在中国，从孟子的“幼吾幼以及人之幼”的博爱情怀到宋代的慈幼庄、明清时期的育婴堂，再到现代社会的儿童福利院，都在从事着儿童救助、儿童保护的事业。但是，在人类社会的早期阶段，儿童曾经被视为私有财产，父母对其未成年子女有绝对的处置权。在欧洲早期，雅典曾经认为婴儿出生五天后才被社会接受。出生后五天内，即使是活婴也可以被任意处理掉。从史前时代至公元400年的杀婴期，罗马法律认为杀害婴儿并不是谋杀行为，小孩甚至被当做玩具，在大人手中抛来抛去。早期的德国法律也给予了父亲对儿童的绝对控制权。因此，在那个年代，儿童的利益和福利服从父母的利益和福利，儿童自身的利益和福利完全没有得到体现。在中国古代社会也长期存在杀婴现象。尤其是在宋代和明清时期，溺婴在江南地区和东南沿海地区广泛存在。父母杀婴往往有多重原因，包括因为贫困难以养活儿女，害怕厚嫁破产，害怕多子分家等。但是不管是什么原因，溺婴都是从父母自身的福利角度考虑做出的选择，完全没有理会儿童作为一个生命主体所具有的福利和权利。正是由于古代社会将儿童当成了家庭的私有财产，儿童养育也完全是家庭事务，因此儿童福利的供给也完全取决于家庭本身，国家在儿童的生存、教育和发展等基本福利保障方面几乎不会有任何干预。

如果儿童的一切完全属于家庭事务，那么也就不会有现代儿童福利的产生。实际上，现代儿童福利的最大特征是国家介入到儿童从出生到成年的每一个生长阶段，为他们提供生活、教育、医疗、居住等各个方面的支持。由于不同国家和地区在经济发展水平、思想意识、政治环境、社会文化和历史发展等方面存在差异，国家对儿童福利介入的深度和广度也有明显的差异。总体来看，儿童福利的发展过程可以看做国家不断加重儿童福利责任承担的过程。特别是在西方福利国家，由于国家不断侵入儿童养育过程，并逐步替代家庭对儿童的责任，这使儿童在一定程度上被看成公共产品或者"准公共产品"。在这一背景下，儿童福利也逐渐从家庭福利转向了公共福利。那么如何来定义"儿童福利"呢？国际上对儿童福利的定义大都以1959年联合国《儿童权利宣言》为依据，认为儿童福利是指"所有以促进儿童身心健康全面发展与正常生活为目的的各种努力、事业及制度"。《美国社会工作年鉴》认为"儿童福利的宗旨是让儿童愉快地生活，能够得到健全的发展同时有效发掘出儿童的发展潜能。它可以是直接提供的服务，也可以是与促进儿童健康全面发展有关的家庭、社区的所有福利服务"。以上定义是广义的儿童福利概念。广义儿童福利对象是社会中的全体儿童，这些儿童不以年龄、身份、民族、种族或家庭出身而有所差别。从儿童福利内容来看，几乎所有一切与儿童有关的积极社会事务包括福利服务、收入、医疗卫生、居住、教育、司法、心理等都可以归为儿童福利。从制度设计理念来看，广义的儿童福利是积极的、以预防和发展为取向的儿童福利，其目的是实现儿童的全面发展。从福利供给的方式来看，既包括政府和社会为儿童提供的各种福利，如教育、卫生保健、儿童福利设施和司法保护，也包括政府和社会提供的各种以促进儿童健康发展为目的的家庭和社区福利服务。

而在中国的实践中还存在狭义的儿童福利，也称为特殊儿童福利。狭义的儿童福利是指针对特殊儿童所采取的一系列的救助、保护、矫正、安置、辅导及养护等措施，以帮助他们健康成长。在中国，“特殊儿童”具体指无所依靠、无家可归、无生活来源的儿童，孤儿，弃婴，残疾儿童，贫困儿童，有行为偏差和受情绪困扰的儿童。[1] 与一般儿童相比，特殊儿童由于种种原因，在正常成长过程中的需求无法从家庭中得到满足，因此需要政府和社会为他们提供种种帮助。具体来说，有特殊需求的儿童包括以下三种情况：一是由于各种原因失去家庭保护的儿童，如父母死亡、被父母遗弃，或者由于父母离异等原因造成儿童实际上处于无人照顾的状态。这些儿童属于传统民政服务对象，一般来说由儿童福利机构予以照顾。二是生理、心理和发展需求不能在家庭中得到充分满足的儿童，造成这种情况的主要原因是家庭功能不健全或不能正常行使，特别是父母的功能和角色不能够正常行使。例如，由于家庭贫困导致儿童生活困难，单亲家庭既容易导致贫困也容易造成儿童情感缺失，父母有生理或精神疾病、有酗酒或吸毒等不良行为，或有家庭暴力倾向等导致儿童被虐待、被忽视等。这类儿童包括贫困儿童、流浪儿童、受家庭暴力影响的儿童等。三是儿童自身的情感或行为问题，如残疾、精神疾病、行为偏差或情绪困扰等，导致家庭环境难以满足其需求或不适宜继续在家庭中生活。这类儿童也需要来自政府或社会的帮助。不管以上哪种

[1] 成海军：《中国特殊儿童社会福利》，中国社会出版社 2003 年版，第 1 页。

情况，特殊儿童福利在中国都主要由民政部门提供，都需要国家介入才能满足儿童的需求。

由此可见，儿童福利的供给主要有两个主体，即家庭和国家。当然在现代，社会非营利组织也是儿童福利供给的重要主体。例如，当前在中国也有很多民间组织和国际组织对孤儿、流浪儿童、残疾儿童等进行救助。但在大多数情况下，民间组织通常只对特殊儿童进行救助和保护。并且，民间组织对儿童的救助只是在国家没有充分发挥儿童福利职能的情况下才会进行。换言之，非营利组织在儿童福利的供给方面只起到一个补充作用。因此，本研究将从家庭供给和国家供给的角度，探索中国从古代社会到当代儿童福利的发展规律。

第二节 | 儿童福利供给相关理论

对儿童福利概念的不同理解会产生不同的儿童福利供给方式。理论视角不同，对福利供给的解释也不同。学术界关于儿童福利供给也有大量的理论，主要包括家庭责任理论、角色理论、儿童权利理论、福利国家理论和儿童福利四分类理论等。

一、家庭责任理论

家庭责任理论是影响当代儿童福利服务发展的重要理论体系，社会学特别是家庭社会学主要倾向于儿童福利的家庭责任。例如，美国社会学家库利认为，家庭是儿童成长的“初级群体”。家庭成员能为儿童提供互动、沟通、彼此照顾和学习合作的机会，从而完成社会化的过程，这对儿童的成长与发展至关重要。父母也能够通过家庭为子女的生活提供物质保障，确保子女身心健康成长，这也被认为是父母应尽的最基本责任。父母对儿童的照顾基于男女家庭劳动分工和家庭结构功能理论。该理论认为，家庭是社会生活中最基本的单位，家庭主要承担规范两性关系、社会生产和人口再生产、儿童社会教化和体现社会身份地位等基本社会功能；同时，家庭结构是男女社会劳动分工的缩影和表现形式。在传统社会，男主外女主内是典型的社会分工。父亲主要承担养家糊口的责任，母亲主要承担照顾子女和料理家务的角色；儿童是家庭私有财产的重要组成部分，父母对儿童享有绝对的权威；照顾子女日常生活起居，确保儿童身心健康成长，是父母的基本责任和家庭生活的基本义务。

在前工业社会时期，养育儿童的责任完全由家庭承担，父母被社会文化赋予养育孩子的权利和责任，同时也是因为他们对孩子有绝对权威。对于父母亲职权威（parental authority）的长期存在，研究者有两种不同解释：一种观点认为，儿童是父母的私有财产，父母有权力选择怎样养育他们的孩子；另一种观点则认为，社会将养育孩子的责任托付给父母是出于对父母的信任。在信任理论看来，由于血缘与基因遗传等原因，父母是最适合照料孩子的人。[1] 工业社会以来，家庭的功能在不断弱化。一些人认为家庭处于危机之中，濒临解体。甚至有人预言，作为一种社会组织形式，它将会消失。在欧洲，大量慈善收养院（hospital）承担了家庭职能，照看了各种各样的伤残者、穷人和病人。由于出现了领取工资的独立雇佣劳动者，老人和病人的家庭照料产生了特殊困难，直到 19 世纪末 20 世纪初才以提供社会保障的形式由国家满足了

---

[1] Thomas. N.（2000）. *Children*, *Family and the State*: *Decision-making and Child Protection*. Basingstoke, Hampshire:Macmillan; New York: St. Martin's Press.

这种家庭需求。在早期的欧洲社会，养育和教育后代主要在家庭内部进行，但是后来实行的普遍义务教育削弱了家庭的社会化职能。[1]由此可见，由于工业革命以来现代社会保障制度的出现，国家在越来越广泛的方面替代了家庭，进而出现了家庭儿童福利职能的弱化。但是，无论社会保障如何发展，家庭只是部分交出其职能，不可能完全由政府替代。由于家庭是儿童社会化和身份认同的最重要的场所，因此家庭在儿童福利供给问题上始终是首位责任主体。只有父母不能充分承担照顾子女的义务，或者家庭环境发生了变化，比如因婚姻关系难以维系、家庭生活崩溃而使儿童遭受到了伤害、虐待或者忽略的时候，社会和国家才有责任和义务干预家庭生活，确保儿童健康成长。

二、角色理论

社会角色是指与人们的某种社会地位、身份相一致的一整套权利、义务的规范与行为模式，它是人们对具有特定身份的人的行为期望。人类学家拉尔夫·林顿认为，角色在任何特定场合作为文化构成部分提供给行为者一组规范，他将社会结构置于个人行为之上，视社会结构为一个行为规范体系，个人接受和遵循这些规范。他区分了角色与地位，认为当地位所代表的权利与义务产生效果时即角色扮演。[2]例如，父亲在家庭制度中占有为人父亲的地位，社会就会期待父亲负担维持家庭生计、保护子女、作为子女的表率等义务。当今社会对父母的角色期待主要包括：

---

[1] 迈克尔·米特罗尔、雷音哈德·西德尔：《欧洲家庭史——中世纪至今的父权制到伙伴关系》，赵世玲、赵世瑜、周尚意译，华夏出版社 1991 年版，第 63—73 页。

[2] 郑杭生主编：《社会学概论新修（第三版）》，中国人民大学出版社 1994 年版，第 107 页。

（1）父母应提供家庭收入，以满足子女衣食住行、教育、健康、社会和娱乐活动的需求；（2）父母为子女的情绪需求提供爱、安全感、亲情，以及子女情绪发展所需的情绪上的支持；（3）父母为了子女的智力、社会和精神正常发展，应提供必需的刺激，让儿童前往学校接受教育，同团体生活，鼓励其游玩，以及接受宗教训练等；（4）父母必须保护子女免受生理的、情绪的或社会的伤害；（5）父母必须提供适当的居住处所，使子女确定属于某个居住社区，达成稳定的自我认同归属感；（6）父母在子女与环境间居于协调者地位，以保护子女在社区中的权利，使其免受不公平的待遇。[1] 儿童生活在健全的家庭中，父母能够有效地履行其角色，并发挥社会功能。但是，有些家庭中的父母并不一定能完全履职，进而发生角色失调导致儿童难以正常成长。父母的角色失调主要包括三种情况：一是角色缺位，包括父母死亡、离婚、分居、服刑等。二是能力不足，包括父母因为生理、心理缺陷或缺乏亲职知识等，无法完全履行父母的角色，例如，父母残疾、酗酒、吸毒等。三是角色拒绝，有些父母会有意或无意地拒绝履行亲职角色，例如，父母离家出走等。基于父母的角色失调而无法满足儿童的福利需求，就形成了三种主要的儿童福利服务类型，即支持性儿童福利服务、补充性儿童福利服务和替代性儿童福利服务。

支持性儿童福利服务的提供是基于家庭结构仍然完整，但成员蒙受压力，进而容易导致离婚、分居或遗弃子女等。支持性儿童福利服务是要运用家庭以外的资源给予原生家庭的支持，是儿童福利服务的第一道防线，包括儿童家庭咨询辅导服务、儿童休息娱乐服务等。支持性儿童福利服务的目的在于支持、增进及强化家庭功能，满足儿童的需求的能力，使原生家庭成为儿童最

[1] 周震欧：《儿童福利》，台湾巨流图书公司 2001 年版，第 15 页。

佳的成长场所。补充性儿童福利服务是儿童福利服务的第二道防线，是在父母角色履行不当，严重伤害了亲子关系时提供的。补充性儿童福利服务的目的在于弥补家庭对其子女照顾不足或不适当的情况，利用一些补充性方案，通过家庭之外的系统给予补充与辅助，使儿童继续生活在原生家庭中，而不至于受到伤害，如托育服务、居家照顾等。替代性儿童福利服务是第三道防线，主要是在父母缺位无法履职或履职不当导致儿童陷于危险境地，需要短暂或永久解除亲子关系时提供的。替代性儿童福利服务是针对儿童的个人需求，提供一部分或全部替代家庭照顾功能的福利服务。替代性服务是公共儿童福利服务花费时间与金钱最多的服务，包括寄养服务、收养服务、机构安置服务等。[1]这种基于社会角色的儿童福利供给理论是以家庭为核心的，并且认为家庭始终是儿童福利供给的主体，国家只是在家庭功能有缺陷时才介入。总体来看，支持性儿童福利服务的国家介入最少，补充性儿童福利服务的国家介入更深，而替代性儿童福利服务则是国家完全替代家庭发挥作用。

三、儿童权利理论

儿童作为一个国家特殊的公民，应享有与其公民身份相对应的一系列权利。现代儿童福利概念的形成与儿童权利的确定密不可分。只有认可了儿童具有独立自主且必须保障的权利才可能形成儿童福利。因此，从某种程度上来说，儿童福利是建立在儿童权利基础之上的。儿童权利理论的发展也经历了一个较长的发展

[1] 郭静晃：《儿童福利》，扬智文化事业股份有限公司2004年版，第365、433、483页。

过程。20 世纪初，在国际人权事业发展的推动下，儿童权利事业也得到发展。总体来看，儿童权利理论的发展是以三个有关儿童权利的国际文件正式通过为标志的：

第一，1924 年的《儿童权利宣言》(又称《日内瓦宣言》)。1924 年，国际联盟第 5 次会议通过了政府间组织的第一个人权宣言——《儿童权利宣言》，这标志着儿童权利概念在国际上正式确立。该宣言重点关注的是儿童的经济、社会和心理需求。它宣称儿童在饥饿的时候必须得到食物，在生病时必须得到照顾，在灾难中必须首先得到解救，对孤儿和流浪儿童必须给予栖身之所和救助，必须给予精神和身体的正常发展所需的资源等。1924 年的《儿童权利宣言》更多地涉及儿童福利需求，并首次将儿童福利与儿童权利联系起来，从而提醒各国政府在制定儿童福利政策时需要考虑保护儿童权利。但是，它仍然将儿童定位为权利的被动接受者，而不是权利的拥有者，他们只是被动地接受成人所给予的某种待遇。此外，1924 年的《儿童权利宣言》在儿童福利的供给上认为，为儿童提供最好生活的义务应放在各个国家的“男人”和“女人”身上。

第二，1959 年的《儿童权利宣言》。国际联盟解散后，联合国经济和社会理事会的临时社会委员会开始讨论起草第二个儿童权利宣言。1959 年 11 月，联合国大会一致通过了《儿童权利宣言》。与 1924 年的《儿童权利宣言》相比，该宣言共有十项原则，大大扩展了儿童的权利。除了基本的生存权之外，受教育的权利、游戏和娱乐的权利也被包括进来，并规定了保护儿童免遭所有形式的忽视、残忍对待、剥削和买卖。例如，第四条原则明确规定了对儿童及其母亲应给予特别的照料和保护，包括产前和产后的适当照料，以及儿童应有权利得到足够的营养、住宅、娱乐和医疗服务。第五条原则规定，对于身心或所处社会地位不正常的儿童，应根据其特殊情况给予特别的治疗、教育和照料，这实际上是对残疾儿童福利权利的重要表述。在1959年的《儿童权利宣言》中，儿童已经成为“拥有权利”的主体，享有特有的权利和自由。特别重要的是，该宣言在序言中号召所有父母和其他个人以及各类组织、各国政府按照其准则逐步采取立法和其他措施，以儿童利益最大化为原则。这不仅使“儿童利益最大化”原则成为儿童福利的一个重要理论基础，而且进一步明确了儿童权利和福利的提供不仅仅是家庭和父母的责任，而需要全社会的共同努力。在宣言起草过程中，有些国家提出采用“儿童权利公约”这一名称并使成员国有一定的法律约束，但是这一建议由于种种原因被否决。

第三，1989年的《儿童权利公约》。1989年11月21日，联合国大会一致通过了《儿童权利公约》，并于1990年9月2日正式生效。该公约较之之前的两个《儿童权利宣言》在篇幅上已有很大扩展，从1959年《儿童权利宣言》的十项原则扩展为54条，实质性条款41条，其中被提到的儿童权利多达几十种，如姓名权、国籍权、受教育权、健康权、医疗保健权、受父母照料权、娱乐权、闲暇权、隐私权、表达权等。但其最基本的权利可以概括为四种：（1）生存权。每个儿童都有其固有的生命权和健康权，包括有权接受可达到的最高标准的医疗保健服务。（2）受保护权，即不受危害自身发展影响的、被保护的权利，包括保护儿童免受歧视、剥削、酷刑、虐待或疏忽照料，以及对失去家庭的儿童和难民儿童的基本保证。（3）发展权，即充分发展其全部体能和智能的权利。儿童有权接受正规和非正规的教育，以及儿童有权享有促进其身体、心理、精神、道德和社会发展的生活条件。（4）参与权，即参与家庭、文化和社会生活的权利。儿童有参与社会生活的权利，有权对影响他们的一切事项发表自己的意见（表达权）。如果从儿童福利的角度来看，这四项权利均与儿童福利密切相关。例如，生存权的保障主要是通过社会保险、社会救助和福利服务来实现的。贫困儿童基本生存的维持主要依靠社会救助，通过国家或社会对贫困家庭的的经济支持来实现。对孕产妇和新生儿等的医疗保健福利服务能够保障儿童的基本生存权。对失去家庭的儿童、受虐待儿童的保护是典型的困境儿童福利。发展权则主要表现为儿童接受教育的权利，是教育福利的重要组成部分。对儿童福利服务的提供体现在托幼服务、福利机构服务等，福利所涉及的具体内容包括政府提供的各类补贴、补助、收入保障等。也就是说，要全面保障儿童各项权利，政府应成为最主要的福利提供主体。

四、福利国家理论

福利国家理论是福利供给的重要基础。萌生于19世纪末20世纪初的公共权力理论为福利国家的产生奠定了理论基础。公共权力的基本功能之一在于维持、调整或发展整个社会生活的基本秩序，使社会免于瓦解。福利国家对国民福利的承担主要在于政府，因此公共职能的转变是福利国家产生的重要基础。近代西方政治理论中，洛克早在1690年就在其《政府论》中提出，政府是一种责任，其目的是为了“公共福利”。[1] 福利国家产生的另一个理论基础是公民权理论。T.H. 马歇尔（Thomas Humphrey Marshall）把公民资格分为三部分：公民权利、政治权利和社会

[1] 洛克:《政府论》，商务印书馆1983年版，第4页。

权利。在20世纪之前，社会权利的发展经过了一个波浪式的起伏，从发展最早最快，到被新的自由主义市场秩序打入低谷，再到建立在公民资格基础上的社会权利再次得到社会承认，被整合进公民资格之中，并在它的基础上发展出现代社会保障制度，尤其是西欧和北欧的全面福利模式。[1]凯恩斯国家干预思想认为，国家福利领域的干预有利于增强消费倾向、促进就业，通过调节社会保障收支就可以达到缓解经济波动的目的。凯恩斯的国家干预理论为国家提供社会福利奠定了理论基础。福利国家理论都在论证国家不断加强对福利供给的正当性和必要性。但从另外一个方面来看，增加福利的国家供给实际上减少了家庭对其成员的福利供给，这也就说明了现代国家的社会福利较之家庭福利变得越来越重要。

当代最具影响的福利国家理论是埃斯平·安德森关于福利国家三个世界的划分。安德森根据福利的“非商品化”程度，将西方福利国家分为三种制度类型。第一种是盎格鲁－撒克逊（Anglo-Saxon）模式。在此模式中，公共福利的责任范围较窄——主要是针对穷人，大多数人主要依靠市场来获得保障，代表国家是美国和英国。第二种是欧洲大陆传统（Continental European Tradition）模式，其前提是就业和贡献相关联的公共社会保险计划，这一制度具有“家庭化”特点，许多福利要由家庭本身来承担。家庭成员的福利程度取决于男性劳动力的社会权利及家庭成员（妇女）照料儿童和老人的程度，代表国家是德国。第三种是“社会民主”（Social Democratic）模式”，主要是指斯堪的纳维亚制度，它与其他两种制度有着明显区别，其前提是普遍性和平均性的给付原则，

[1] 蒋勤：《公民资格与全面福利——T.H. 马歇尔公民资格理论评述》，《社会福利》，2003年第1期。

既与特殊需求无关又与就业记录无关，只与公民资格有关。[1] 从国家对福利的提供程度来看，三种模式中，“社会民主”模式最强，欧洲大陆传统模式次之，盎格鲁－撒克逊模式最弱。

“社会民主”模式的典型代表是瑞典。瑞典政府基本上承担了儿童照顾和家庭支持的主要责任，其主要福利服务措施包括：育婴假（产假）、托育服务、家庭协助服务、家庭津贴、家庭之家、儿童收容和安置服务等。德国作为欧洲大陆传统模式的福利国家，自 19 世纪 80 年代俾斯麦创设社会保险制度以来，一直以社会保险作为社会保障制度的核心，强调劳动者的自我保障意识，体现了在互助共济的同时国家要给予一定的财政支持的原则。在儿童福利上，强调父母教养儿童的权利和义务以及家庭对儿童的重要性。政府在儿童福利上所扮演的是辅助性角色，决不能轻易取代父母或家庭。美国的儿童福利制度非常发达，在儿童福利立法、福利服务、福利项目和福利行政等方面都有一整套完善的制度。因此，美国也有“儿童天堂”的美誉。但是与欧洲福利国家相比，美国作为盎格鲁－撒克逊模式的福利国家，其儿童问题也更加突出。例如，美国儿童贫困问题十分突出。研究表明，1999 年 18 岁以下儿童的贫困率是 16.9％，对于单亲家庭的非裔美国儿童来说，他们的贫困率几乎达到 50％。[2] 美国儿童的饥饿问题也十分严重，1991 年 3 月 27 日《华盛顿邮报》的一篇报道说，食品研究应用中心的一项调查发现，美国有 550 万 12 岁以下儿童经常挨饿，另有 600 万儿童面临这种威胁。全国挨饿儿童占总数的 12.8%，其中处在威胁中的占 14%。[3] 尽管美国是世界上最发达的国家，但

[1] 安德森：《福利资本主义的三个世界》，郑秉文译，法律出版社 2001 年版，中文版序言第 2—3 页。

[2] 吉尔伯特、特雷尔：《社会福利政策导论》，黄晨熹译，华东理工大学出版社 2003 年版，第 67 页。

[3] 陈恕祥主编：《美国贫困问题研究》，武汉人民出版社 2000 年版，第 10 页。

是由于更多的儿童福利责任要家庭承担，加上美国社会贫富两极化非常严重，因此儿童也面临更多的困难。

20世纪70年代末福利国家危机和新自由主义的兴起开始打破人们对福利国家的固有观念。人们认识到福利国家并不是一种单一、固定的模式，其本身也是一个不断发展的过程。也有人认为西方的福利模式已经进入了后福利国家阶段。与传统福利国家相比，后福利国家具有五个特征："（1）新体系更加职业友好化，强调激励和责任。（2）福利供给主体更加多元化，强调责任分担。（3）社会更加全面协调化和民主化，强调社会团结。（4）家庭和妇女的作用更大，强调性别平等。（5）福利制度更加多样化，强调个性差异。"[1] 从上述关于后福利国家的定义及特征可以看出，后福利国家已经从强调国家福利供给转向了多元福利供给。在后福利国家阶段，福利供给完全由政府主导的局面开始被打破，市场和家庭的福利供给规模日趋扩大。例如，美国自20世纪80年代开始执行新自由主义政策以来，不断对儿童福利进行削减和改革。联邦政府于1996年颁布了《个人责任与就业机会协调法》（PRWORA）。这个法案从根本上改变了"抚养未成年子女家庭援助计划"（AFDC）的体制和方法，取而代之的是"贫困家庭临时援助"（TANF）。较之之前的"抚养未成年子女家庭援助计划项目"，"贫困家庭临时援助"项目取消了联邦政府对各州的贫困家庭提供无限制资金支持，而代之以一笔固定拨款，并规定了贫困家庭的受益期限；另外，还根据资格确定补助金额，对延长补助有严格规定。"贫困家庭临时援助"的目标定位并不像"抚养未成年子女家庭援助计划"那样建立在"需要"的基础上，而是以妇

[1] 丁开杰、林义选编：《后福利国家》，上海三联书店2004年版，第12—16页。

女单亲人口的行为表现为依据。[1]这种做法实际上是减少国家儿童福利供给，让家庭承担了更多的责任。此外，福利国家的转型也使得儿童福利的供给朝民营化的方向转变。这种转变的主张是由政府出资来购买由个人、民营组织或者非政府组织民间力量等提供的儿童福利服务，尽管政府福利投资监管主体和制定儿童福利法律政策的角色不变。

五、儿童福利四分类理论

在任何国家和任何历史时期，儿童福利都主要由家庭或国家供给。尽管国家越来越多地代替家庭提供儿童福利已经成为人类社会发展趋势，但是由于经济、社会、文化等方面的差异，国家对于家庭育儿的干预、支持与服务的方式及背后的理念在各国之间存有较大差异。根据国家介入儿童抚育的方式，福克斯·哈丁(Fox Harding)曾经在理论层面区分出四种不同的儿童社会福利类型：自由放任主义模型、国家家长主义模型、父母权利中心模型与儿童权利中心模型。自由放任主义模型坚持最大限度地限制国家介入，强调维系“不受干扰的家庭生活”的重要性，只愿意对边缘儿童提供必要援助。与此相反，国家家长主义模型高度强调儿童的脆弱性与依赖性，认为国家应该通过有组织地保护儿童的行动去保障并提高儿童福利。在它看来，国家主导的儿童社会福利不仅应该关注得不到家庭充分照顾的孩童，也应该设法增强一般正常家庭的育儿能力；现代国家培养的专业儿童工作者（如医生、教师、法官与社工等）往往比家长更能准确判断什么才是儿

[1] 尼尔·吉尔伯特：《社会福利的目标定位——全球发展趋势与展望》，中国劳动社会保障出版社 2004 年版，第 109 页。

童的最佳利益，以及怎么做才有利于维护其最佳利益。父母权利中心模型强调国家介入儿童抚育事务的合理性，但它并不主张逼迫性的国家干预服务。父母需要国家支持的儿童照顾者，即使是那些真的需要离开父母接受国家照顾的孩子，替代性照顾方案也应该协助儿童与他们的家长进行必要的沟通与联络。在儿童权利中心主义模型中，儿童的感受、理解、希望、自由、选择与行动至关重要，所有关于儿童的安排都应该让儿童参与。和前面三个模型有所不同，该模型强调儿童的参与权利，突出儿童的能力与主体性 (Fox Harding，1996)。[1]

福克斯·哈丁四分类模型的中轴是家庭与国家在儿童福利供给中的关系，同时考虑父母方和儿童方的权利。当强调家庭和父母的作用时，国家只有在家庭功能失灵时才发挥其作用，这实际上是一种残余福利模式，即注重对问题儿童、困境儿童及其家庭的帮助。当强调国家在儿童福利供给中应发挥更大作用时，就形成了福利的制度型模式，更容易接受国家对家庭福利功能的替代。无论是强调家庭的主导作用还是强调国家介入的意义，当家庭无力承担起抚育儿童的责任时，作为儿童终极监护人的国家都有介入所谓“私领域”的儿童抚育事务的国家责任。在现代社会，儿童已经不是父母的私有财产，他们更像是社会的公共产品。当“私领域”的力量无法确保儿童拥有良好的成长环境时，作为公共部门的国家——儿童的终极监护人——需要提供及时有效的援助，以充分保障儿童的各项正当福利权益。

---

[1] Fox Harding（1996）. *Family*, *State and Social Policy*. Basingstoke：Macmillan Press Limited.

第三节 | 研究方法和思路

一、研究框架和研究思路

本书在儿童福利的概念上采用的是广义的儿童福利，即所有以促进儿童身心健康发展与正常生活为目的的各种努力、事业及制度都是儿童福利。儿童福利的供给主要依靠家庭和国家两个主体。从世界范围内儿童福利发展的历史进程来看，儿童福利发展的趋势是国家对家庭儿童福利供给介入的不断深入，并逐步取代了很多原先由家庭提供的儿童福利。由于本书的时间跨度非常大，大量的文献资料必须从浩如烟海的古代典籍中去获得，而有用的历史文献很难收集，能够获得的历史资料也往往是片段性的，有些史料可能只是重要历史人物的思想和言语片段。但是，历史概念的形成首先要充分占有史料，其次是对史料进行整理加工、抽象和概括，然后使认识从具体上升为概念。这一过程是通过大脑思维，把史料的本质抽象出来的。从抽象到形成概念，是通过对对象属性进行概括的逻辑方法实现的。再下一步还要运用概念进行历史的思维和推理，形成历史论断。[1] 因此，本书的主要目的是通过梳理中国儿童福利（主要是儿童福利政策）历史书籍和资料，分析和总结中国儿童福利发展的历史规律。在写作方法上，本书无意写成一本纯粹的历史学著作，而是想用以史带评、夹叙夹议的方式描述中国儿童福利发展的一般过程。与那些考据为主的史学著作不同，本书使用了西方儿童福利理论作为研究的理论假设，即儿童福利的供给主要是来自家庭和国家两个主体，并且两者之

---

[1] 安作璋主编:《中国古代史史料学》，福建人民出版社 1998 年版，第 546—547 页。

间存在一种此消彼长的内在关系。另外，尽管基于中国自身历史传统的相关儿童福利理论非常少，但本书的重要目的之一是要在中国儿童福利史的分析过程中寻找和构建具有本土化特征的儿童福利理论。本书的具体研究框架如下：

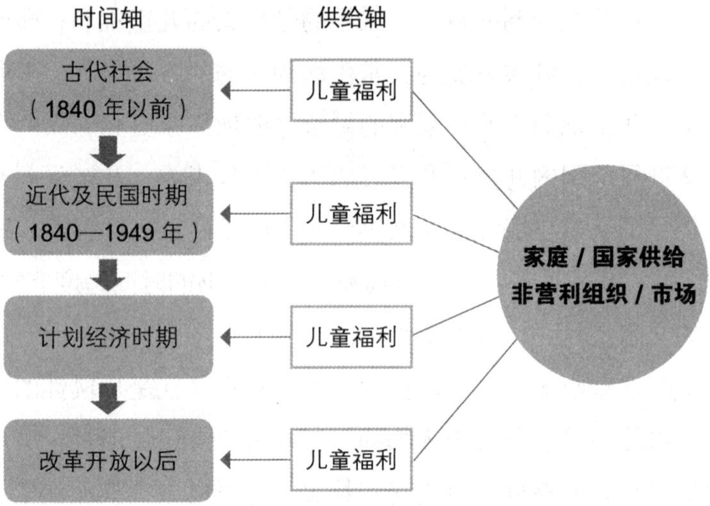

图 1.1　儿童福利研究理论框架

从图 1.1 可以看出，本书有两个维度：第一个维度是儿童福利供给主体包括国家和家庭。在实践中，市场和非营利组织也是儿童福利供给的重要主体。但是，市场供给实际上要么是基于家庭购买，要么是基于政府购买，因此市场供给的本质还是家庭供给或政府供给。在现代社会中，非营利组织确实承担了一定的儿童福利供给。但一般来说，非营利组织只对困境儿童进行救助，发挥的作用有限，并且很多非营利组织接受政府的资助开展活动。因此，本书并不会深入讨论非营利组织的儿童福利供给。第二个维度是儿童福利的历史发展时期。本书按照儿童福利发展不同阶段的特点，将儿童福利的发展分为古代社会、近代及民国时期、计划经济时期和改革开放以后四个阶段。基于这两个维度，本书的理论假设是：从古至今，儿童福利无非由家庭、国家、市场/非营利组织提供，但在不同历史时期，儿童福利提供主体有明显差异。总体来看，在古代社会儿童福利主要是由家庭供给，国家几乎不介入。因此，所谓古代社会的儿童福利其实主要就是家庭儿童福利。国家只是在特殊情况下介入儿童福利，例如孤儿或弃婴的救助。从这个角度来看，儿童福利又主要表现为儿童救助。随着社会的发展，国家越来越深地介入儿童福利。实际上，现代儿童福利是基于这样一种假设，即认为在现代社会生活中的种种社会风险和高昂的育儿成本，已经使得单个家庭无法面对所有的儿童问题，也根本不会存在各种功能完全健全的自然型家庭，因此每一个家庭都需要外力的帮助，而政府和社会对每一个儿童都负有责任。因此，在这种社会条件下，现代社会中人们更多地认同广义的儿童福利。但是，对广义的儿童福利的认可并不影响在具体政策中对处于困境儿童的"优先"原则的存在。任何社会资源都是有限的。在资源有限的情况下，优先满足处于不幸境地、需要帮助的儿童的需求成为一种必然的选择。孤儿、弃儿、残障儿童、贫困儿童、被虐待儿童、家庭破碎的儿童、行为偏差或情绪困扰的儿童等，仍为儿童福利的重点对象，在资金投入、具体服务等方面必须置于优先的地位。[1] 由于儿童福利的基本发展趋势是，家庭福利功能不断弱化且国家福利功能不断增强，因此本书的基本思路就是描述中国儿童福利从家庭福利不断走向国家福利的历程，并将重点放在描述国家如何发挥其儿童福利功能，兼顾民间组织、

[1] 陆士桢、常晶晶：《简论儿童福利和儿童福利政策》，《中国青年政治学院学报》，2003 年第 1 期。

宗族、社区和市场等非家庭、非政府的儿童福利供给。

二、研究方法

本书采取动态视角，通过对历史过程中中国儿童福利思想、制度和政策，儿童项目设置以及管理体制等方面的考察，总结和概括出一些规律性的东西。在制度分析时，将充分注意到制度本身的历史延续性，力图将儿童福利制度看做整个社会系统的一个组成部分。除了政治和经济因素外，文化传统、伦理道德、风俗习惯等社会观念性的东西也将涵盖其中。另外，儿童福利发展过程中的重大历史事件作为影响制度选择和制度形成的重要因素也将予以格外重视。

本书主要采用文献分析法，并特别重视相关官方统计资料的收集。通过对中国儿童福利制度和政策的相关文献进行分析整理，找出其发展路径，用于指导儿童福利制度改革的实践。

第二章

古代中国儿童福利思想与政策

中国古代社会的儿童养育和照顾几乎完全依靠家庭，家庭之外较少有关于儿童福利的正式制度安排。由于中国古代社会的经济发展水平较低，所谓儿童福利主要表现为对困境儿童的救助。另外，出于鼓励生育等原因，有些时期封建官府还会出台奖励生育的政策措施。从儿童救助的主体来看，大体可以分为两类：政府救助和民间救助。从民间的角度来看，又主要包括宗族、宗教组织和民间慈善组织对儿童的救助。

第一节 | 宋代以前的儿童福利思想与福利政策

家庭是人类社会（尤其是在人类社会早期）稳定的主要来源。从古至今，家庭都承担着照顾和保护家庭成员的责任。中国3000年前的《易经》中就提出了“蒙以养正”的思想，这是我国最早的育儿理念。但是，中国古代社会是一个伦理社会，家庭的慈幼伦理还推及社会。《礼记·礼运·大同篇》强调人“不独亲其亲，不独子其子”，而且应该“老吾老以及人之老，幼吾幼以及人之幼”。这里的“幼吾幼以及人之幼”实际上已经超出了家庭，由家庭向外延伸到社区，尤其是家族和宗族之间的儿童救助。再如，《周礼·地官司徒·大司徒》称：“以保息六养万民，一曰慈幼，二曰养老，三曰振穷，四曰恤贫，五曰宽疾，六曰安富。”《周礼》中“慈幼”的论述清晰地表达了一种儿童福利的思想，这里既有对儿童成长发展客观规律的尊重，又有原始人道主义对儿童的特别体恤和关爱，同时又蕴含着受中国传统文化家族、团体观念制约，视儿童为事业延伸而寄予厚望的文化痕迹。慈幼的思想作为六政之一已经超出了家庭，使得家庭功能很自然地转向政府的社会福利功能层面。而将慈幼放在六政之首，可见周朝就已经很重视儿童福利了。

总体来看，我国古代不同时期的封建官府对于儿童福利事业的介入是不一样的。按照官府介入程度可以两宋为界，将我国古代儿童福利事业的发展分为三个阶段：第一个阶段是宋代以前，封建官府对于儿童福利事业采取了一定措施，但是比较零散，并且没有建立专门的慈幼机构。宗教力量对于贫困儿童救助发挥着重要作用。第二个阶段是两宋时期，北宋官府首创慈幼局专收孤儿和弃儿，标志着儿童福利转向制度化。同时，由于政府对宗教势力的打击，宗教组织发挥的作用有所下降。第三个阶段是两宋以后，由于地方势力不断发展壮大，民间慈善组织在儿童福利事业上发挥着重要作用。

北宋以前，各级官府也采取了一些与儿童相关的福利措施。春秋战国时期，管仲认为，为了稳定国家，安定社会是首要大事。《管子·入国》记载：“入国四旬，五行九惠之教，一曰老老，二曰慈幼，三曰恤孤，四曰养疾，五曰合独，六曰问疾，七曰通穷，八曰振困，九曰接绝。”其中“慈幼”和“恤孤”都是儿童福利工作，并由政府专职官员负责。所谓“慈幼”，即在城邑、国都均设置掌幼的官职，士民子女中有幼弱者，因无力供养而成为拖累的，规定凡有三个幼儿就免除妇女的征调，有四个幼儿的则免除全家的征调，有五个幼儿的则配备保姆，送予两人份额的粮食，直到幼儿能够劳动为止。所谓“恤孤”，即城邑、国都均设置掌孤的官职，规定士民死去，其子幼弱无靠，没有父母抚养，又不能独立生活的，就归其同乡、熟人、亲友抚养。抚养一个孤儿的，一子免除征役；抚养两个的，二子免除征役；抚养三个的，全家免除征役。掌孤的官员，必须频繁巡查问候，了解其饮食冷暖和身体发育情况。[1] 从《管子》中的记载可以看出当时两个非常重要的儿童福利特点：一是国家通过免除赋税和徭役的做法来帮助困境儿童，与现代政府儿童救助比较类似；二是在官府机构中设立官员来管理儿童工作，这可以看做是开创了儿童福利工作专门化的先河。另外，公元前 494 年，越王勾践下令“生丈夫，二壶酒，一犬；生女子，二壶酒，一豚。生三人，公与之母；生二人，公与之饩。”[2] 这是我国较早以政令的方式，通过实物奖励来鼓励生育的实践，类似于今天的生育补助。很显然，越国的做法不是儿童救助，已经超出了特殊儿童福利范畴。

到了汉代，封建官府也有一些奖励生育的措施。汉高祖七年（公元前 200 年），刘邦发布正月令“民产子，复勿事二岁”。“复”就是免纳赋税；“勿事”就是免除徭役。这可以看做是古代妇幼保健的政令雏形。汉光武帝刘秀时也曾下令：“产子者，复以三年之算。”（汉代每人每年赋钱一百二十为一算。）东汉汉章帝年间有下诏“人有子者复，勿算三岁，令诸县妊者赐谷，人三斛，复其夫，勿算一岁”。这是汉代通过免除赋税徭役鼓励生育和养育儿童的做法。另外，《后汉书·章帝纪》记载：“其婴儿无父母亲属，及有

[1] 王子今、刘悦斌、常宗虎：《中国社会福利史》，中国社会出版社 2002 年版，第 44—45 页。

[2] 《国语·越语》，上海古籍出版社 1978 年版，第 635 页。

子不能养活者，禀给如律”（禀就是赐谷），这是汉代对于孤儿和贫困儿童的特殊的政府救助。南北朝时期，“溺于释教”的梁武帝在 521 年于京师建置“孤独园”，收养孤幼与贫老者。《梁书》卷三《武帝纪下》记载梁武帝普通二年（521 年）春正月辛巳诏：“于京师置孤独园，孤幼有归，华发不匮。若终年命，厚加料理。尤穷之家，勿收租赋。”而《南史》卷七《梁本纪中·武帝下》则记载“二年春正月辛巳，祀南郊，诏置孤独园以恤孤幼”，似乎收养对象只限于“孤幼”。如果这种记载属实，那么孤独园应是我国最早的官办专门性儿童救助机构。北魏文帝大同元年（535 年）下诏：“人民卖鬻男女，尽还其家；若仍不还，听其父兄上诉，以掠人论”。这是关于禁止贩卖儿童的明文规定。到了唐代，唐文宗太和元年（827 年）下诏，“天下有家长大者皆死，其余孩稚十二岁至襁褓者，不能自活，必至夭伤，长吏敕其近亲收养，仍官中给两月粮”。这是唐代关于官府主导民间儿童收养行为的记载，是替代性儿童福利的重要内容。

两宋以前，最重要的与儿童福利相关的机构是宗教组织开办的“悲田养病坊”。隋唐时期，佛教不仅通过影响世俗政权来影响社会救助，寺院还举办了社会救助机构——悲田养病坊。病坊最早由佛教寺院创立，主要收容乞丐、老疾孤寡，是一种综合性社会救助机构。病坊由寺院僧人主持，官府拨给一定的土地（悲田）作为物质基础。此外，官府也在财物上予以一定的支持。例如，唐天宝二年（743 年），唐玄宗下令将京师的乞儿全归病坊收管，所有额外经费由政府以利钱的方式支付。[1] 因此，悲田养病坊实际上是一种民办官助的社会福利机构。但是，佛教势力的过度膨胀引起了世俗政权的不安和担忧。唐武宗会昌五年（845 年），

[1] 李焘：《续资治通鉴长编》卷二百一十四，台北世界书局 1964 年影印本。

唐武宗下令废天下僧寺，命僧尼还俗，这是中国历史上著名的“会昌灭佛”。佛寺废止之后，政府并没有放弃悲田养病坊的济贫工作，而是直接承担了这些救助机构的费用，并委任地方上有名望的人来监管这些机构，悲田养病坊似乎又出现了民间管理的倾向。除了极少量的官方救助之外，民间互助始终是儿童救助的重要方式。特别是宗族、亲属儿童救助是中华民族最久远的传统，在两宋之前更是如此。古代文献中有很多民间互助共济的记载。例如，《三国志》卷十六《魏书·任峻传》记载任峻的事迹：“于饥荒之际，收恤朋友孤遗，中外贫宗，周急继乏，信义见称。”这是说他在饥荒时期，收容朋友的遗孤以及亲族中的困难户。例如，《三国志》卷四十一《蜀书·张裔传》说：“（张裔）少与犍为杨恭友善，恭早死，遗孤未数岁，裔迎留，与分屋而居……抚恤故旧，振赡衰宗，行义甚至。”这表明，古代社会收容抚养朋友遗孤及亲族中的困难户是一种仁义行为，得到社会的肯定和高度评价。

第二节 | 两宋时期的儿童福利政策与福利制度

唐代以后，由于官府对宗教势力的打击，宗教势力对社会的影响明显削弱。两宋时期，政府在贫困群体的社会救助上开始发挥主导作用。从我国古代官办社会救助事业的发展历史来看，宋代应该说是进入了一个鼎盛阶段，在儿童救助方面也是如此。两宋官府在防止弃婴、杀婴方面采取了很多措施。造成宋代弃婴和孤儿的原因主要有两种：一是贫困，二是灾荒。宋朝政府对此采取的救助包括三个方面：一是济助于未弃之前，即通过对孕妇、产妇进行补贴，以及蠲免身丁钱的方式达到救济婴儿的目的，是预防性救济；二是通过官方设立的救济机构，收养遭到遗弃的儿童与无亲属领养的孤儿，是事后补救性救济；三是鼓励民间收养弃儿、孤儿，作为政府救济的一种补充，是为辅助性救济。

预防性救济的目的是防止杀婴和弃婴，主要包括两种措施：一是蠲免丁税。北宋时期，不少地区已有杀婴的现象，尤其是地狭人稠的福建、浙江、江西等地区。南宋宋高宗绍兴十三年（1143年）七月，首次有官方记载蠲免浙西田租和丁盐钱以助民举子。宋孝宗乾道七年（1171年），又两次蠲免身丁钱，以助民举子。此外，宋朝还通过免除孕妇夫役的方式助民举子。《建炎以来系年要录》卷一百三十九记载，绍兴十一年（1141年）三月，知邵武军王洋奏请："乞乡村之人，无问贫富，凡孕妇五月，即经保申县，专为县丞注籍，其夫免杂差役一年……，乃诏互补措置（实施）。"二是胎养助产。所谓胎养助产是指当贫困家庭生孩子缺少粮食时，通过兴办举子仓给予粮食，或直接给钱米予以救助，以防止贫困家庭因为养不起孩子而杀婴。绍兴五年（1135年），宋朝官府开始在部分地区实施胎养助产令。《临汀志》记载："举子仓旧有五所，系绍兴五年准朝旨，以建、剑、汀、邵四郡细民生子多不举，于涿州县乡村置举子仓，遇民户生产，人给米一石。"绍兴八年（1138年），宋朝官府正式下诏，在全国范围内实行胎养助产令，禁止民间生子不举的杀婴陋习。其令曰："禁贫民不举子，有不能育者，给钱养之。"具体办法是"州县乡村五等、坊郭七等以下贫乏之家，生男女不能养赡者，每人支免役宽剩钱四千"。无论是蠲免丁税和胎养助产，用今天的眼光来看都是政府对贫困儿童家庭的援助。

补救性救济是通过设立专门收养弃婴、孤儿的机构，以救济遭到遗弃和成为孤儿的儿童。两宋官府创办了一系列常设性社会救助机构，以满足救助贫困群体的需要。北宋官府创办的社会救助机构包括福田院、居养院、养济院、广惠院、实济院、安养院以及和济院等。这些机构大都是收养贫、病的综合性机构，例如福田院负责收养京师老幼，广惠院负责赈济州县郭内之老幼贫乏不能自存者，两者都是老幼合在一起赈济。南宋以后，慈幼从济贫机构中分离出来，形成专门的机构，主要有"散收养遗弃小儿钱米所"、"婴儿局"、"慈幼局"和"慈幼庄"四种。宋孝宗隆兴二年（1164年），知州郑作肃于湖州吴兴郡设立"散收养遗弃小儿钱米所"。以州学教授提点，差都副孔目官2名营干，轮流寻访。遇有遗弃婴儿，即时依条收养。嘉定末年，袁甫在湖州创立婴儿局。所收婴儿雇乳母养育，直7岁止，共收养80余人。慈幼局最先在临安设置，时间是宋理宗淳祐七年（1247年）。到宝佑四年（1256年）十一月，宋朝官府正式下诏令"天下诸州建慈幼局"。慈幼庄由江东转运使真德秀在宋宁宗嘉定十年（1217年）创立于建康府。真德秀在置局报告中说："将本司拘收诸州县末官田产措置，找人租佃，立为一庄，专以慈幼为名，计其岁入，委官掌管。月支米钱，雇人乳养。"这些机构尽管名称不同，在具体运作方面也有一定差异，但总体看来与今天的官办儿童福利院类似，都是对孤儿和弃婴的救助保护。

辅助性救助是指鼓励民间收养行为。宋朝官府主要做了三方面的工作：（1）为了鼓励民间积极收养弃婴、孤儿，宋朝官府制定了一系列有关法律，对收养年龄和收养关系等问题做了明确规定。例如，《送刑统》卷十二《户婚律·养子》规定："其遗弃小儿年三岁以下，虽异姓，听收养，即从其姓。"这些规定从法律层面规范了民间收养行为，保障收养人利益，以防止事后的纠纷。（2）对收养弃婴、孤儿的民间人士予以奖励。例如，《宋会要辑稿·食货》五十八之十四记宋孝宗淳熙二年（1175年）规定："业弃小儿……如上户士大夫家能收养五十口，具名以闻，乞行旌赏，州县官措置支给钱米。”官府的奖励代表了官方态度，有利于推动民间收养的发展。（3）对寄养和民间收养行为予以资助。例如慈幼庄等机构除了将弃儿寄养于民间以外，往往还采用让民间收养，官府发给补贴的方式安置孤儿。例如，嘉定二年（1209年）秋，宋朝官府以畿内旱蝗“发义仓米二百石助邑士之收养遗弃孩稚者，两月续米如前”。[1]宋代官府的这种做法跟今天公办儿童福利机构开展的家庭寄养工作基本类似，或者也可以看做是我国家庭寄养的雏形。

总体来看，宋代在儿童福利事业上最具特色的方面要属集中收容弃婴的机构，即1247年建立的慈幼局和慈幼庄。这可能算是世界上最早的专业性官营孤儿院之一。此外，用于资助贫困家庭养育儿童的举子仓的出现也是我国古代社会贫困家庭儿童救助的一个创举，在当时经济生产比较落后的条件下对于保障儿童的基本生存有重要意义。因此，无论从儿童福利的广度还是福利机构的形式来看，宋代都应该看做是我国官办儿童福利事业的高峰。

第三节 | 明清时期的儿童福利政策与福利制度

明清时期，官办社会儿童福利事业一定程度上继承了宋代的传统得以继续发展。但是由于种种原因（如官员贪污、舞弊等），特别是清朝的太平天国运动对福利机构的破坏，明清时期官办儿童福利事业发展水平较之宋代有一定程度的下降。尽管如此，明清两代的儿童福利事业并没有就此衰弱，这个由于官府力所不及而留下的功能空间，由地方精英创办的社会慈善组织所填补。另

[1] 张文：《宋朝社会救济研究》，西南师范大学出版社2001年版，第200—220页。

外，鸦片战争以后，西方天主教和基督教传入中国，外国教会在中国也兴办了大量儿童福利机构。

明代在官办社会救助事业上基本上没有什么创新，而且官办社会救助机构的功能明显下降了。“明代只是继承了宋元以来的养济院和惠民药局两项，而且惠民药局主要是施药给军旅贫户，而养济院的原意也并非如宋代收容所有贫病之人，而主要是收养老人，所以在明朝开国时一度成为‘孤老院’。换言之，明太祖心目中的这些救济机构也并非为了社会一般的贫民，而主要是安抚军队，及重申敬老的伦理思想”。养济院虽然是综合性救助机构，但养济院重在收养孤老,因此明代官办儿童福利事业鲜有亮点。同时，当时养济院的贪污舞弊现象非常严重，其中最严重的弊端就是贫老的冒认问题，即养济院中住了本无资格受济的人，或者养济院内已殁贫老没被注销，胥吏继续冒领他们的钱粮。

在官办社会福利事业日渐衰弱的同时，民间社会福利事业却有不断强大的趋势。其中一个新变化是明朝末期江南地区民间慈善组织——善会的兴起，而儿童福利事业是这些善会的重点。明清之际的慈善组织大部分都是长期性社会组织，一般由当地归隐官员或名士创办。日本学者夫马进指出，明末善会已经遍布江苏、浙江、福建、山东、河南和江西各省了。并且，明末善会作为民间慈善组织具有崭新的特征。南北朝至唐代佛教慈善组织以传教为主，而明末善会的理念主要出于处理俗世社会问题；他们也不似于宋代的救济组织，处处由中央政府或地方官领导，而以地方上无官职而有名望的人为领袖，同时被救济的人的资格并不受官府机构所订的注籍所限制。明末善会中以扬州育婴社最为著名。据记载，育婴社的创办者蔡连在扬州聚集同志，以私人共养弃婴，每人每月出银一钱五分，收容路边弃婴在社，以会员捐银雇乳妇，这些乳妇月领工钱六钱。育养弃婴，以三年为期，到时招人领养。[1]明末善会的兴起有重要意义，它填补了明末清初社会动荡时期政府在社会福利事业上的空缺，并直接推动了清代民间善堂三百年的发展。

清朝在官办社会福利事业上继承了明朝的传统，其中最重要的官办社会福利机构是养济院。清代养济院仍然是综合性救助机构，救助对象主要是“鳏寡孤独疲癃残疾之穷民”，即贫民中的孤老残疾人员。除了养济院之外，清代还有栖留所（又称“留养局”、“留养所”），主要是春冬时期收养衣食无着的贫民和乞丐，属于临时性救助，其性质和功能类似于今天的社会救助站。春冬时节，清代京师还设有饭厂（粥厂），为无处就食的贫民提供临时性救济。[2]这些社会福利机构虽然并非专门针对儿童，但由于儿童往往是贫困的最先受害者，因此也对儿童救助发挥了重要作用。在清代，无论从重要性还是普及性来看，育婴堂都是仅次于养济院的福利机构。明代虽然已经有此机构，但是并没有在全国范围内设立。到了清代，育婴一事得到了统治者的重视和积极支持。据陈康祺《郎潜纪闻初笔》卷四《育婴堂》记载：“孝庄皇后（顺治帝生母）首颁禄米，满汉诸臣，以次输助，不数年，由京师已达郡县，育婴之堂，遍天下矣。”雍正帝即位后，对救助弃婴表现出了极大的热情和关注，他曾至少三次拨专款给京师育婴堂，第一次拨帑银 1 000 两，同时颁发“功深保赤”的匾额，“以重其事”，并御制《育婴堂碑记》一篇，希望“九洲之内，自通都大邑，至于市镇繁富之所，郡县长官各殚厥心，仿此而推之，倡好义之士，宏恤孤之政”，名

[1] 梁其姿：《施善与教化——明清的慈善组织》，河北教育出版社 2001 年版，第 44、51、52、95 页。

[2] 参见陈桦、刘宗志：《救灾与救贫：中国封建时代的社会救助活动（1750—1911）》，中国人民大学出版社 2005 年版，第 182—200 页。

各省督抚"募劝好善之人，照京师例行之"。在清朝最高统治者的倡导下，育婴堂陆续在全国各地建立起来。[1] 育婴堂的普及和推广救助了大量弃婴。由于清代很多地区溺婴（特别是溺女婴）非常严重，清政府虽然颁布了禁溺女令，但效果并不明显，因此育婴堂在拯救女婴方面发挥了重大作用。

在清代，儿童福利事业上最具特色的还是民间慈善救助。清初，虽然官府对于文人结社的打击使得民间慈善组织一度衰弱。但随着政权稳定，清政府逐渐认识到民间慈善组织对地方稳定的重要作用，于是将对民间慈善组织的打压政策改为鼓励政策，使中国的民间慈善事业进入一个繁荣时期。以江南地区为例，清代江南地区的民间慈善事业的发展分别在乾隆、嘉庆时期和同治、光绪时期形成两个发展高潮。第一个高潮的形成除了清政府的积极倡导之外，还与清中期江南市镇的发展密不可分。第二个高潮发生在太平天国运动之后，当时清政府实际上已经没有能力独立完成战后重建工作，而社会救助事业作为战后恢复社会秩序和生产秩序的一个重要方面又显得十分迫切。于是，官府力量无力完成而留下的社会救助事业空间由地方势力趁机填补了。[2] 就儿童福利事业来看，清代初期，江南地区民间组织兴办的育婴堂在明末的基础上进一步发展。继明末扬州府城出现第一所育婴堂之后，至清初扬州地区内其他各州县纷纷跟进，包括高邮（1656 年）、甘泉（1662 年）、仪征（1662 年）、兴华（1669 年）以及同样在江北的通州及如皋等地。

清初民间育婴堂与明末略有不同。明末扬州育婴社由地方士

[1] 王子今、刘悦斌、常宗虎：《中国社会福利史》，中国社会出版社 2002 年版，第 247—248 页。

[2] 王卫平、黄鸿山：《清代江南地区的乡村社会救济——以市镇为中心的考察》，《中国农史》，2003 年第 4 期。

商发起，采用的是会员制，育婴堂所需费用都由会员自己捐赠。而清初育婴堂得到了官方的认可并在一定程度上得到了官方资助。例如，扬州地区的善堂因地利之便得到了两淮盐税的补助。清康熙五十年（1711 年），鉴于“岁需不敷，堂宇倾颓”，绅商捐购民地，迁堂于新置之地。更重要的是，同时盐运使公议，决定从该年开始，每年从盐税中捐银 1 200 两给育婴堂。除了盐税赞助之外，不少育婴堂还设置不动产来收取租金，使收入趋于稳定。在管理上，明末育婴社采取轮值制，由社员每人轮值一月，如果当月捐金不足以支付开销，即由当值者补足。清初育婴堂管理主要也是轮值制。但是到了乾隆时期，官府为了加强对育婴堂的管理，董事制开始出现。董事制区别于轮值制在于由一或二三人管理堂务数年之久。[1]由此可见，清代的育婴堂是一个官办民营机构，而明代的育婴社则是纯粹的民间组织。

清代中后期，全国人口数量进一步增长。鸦片战争之后，全国社会各阶层日益贫困化，贫富差距进一步扩大，再加上旱涝等自然灾害有增无减，使得全国范围内的贫困人口不断增多，社会救助的需求也大幅度增加。与此同时，清政府连年对内和对外征战，政府财力大大下降，国库极度空虚，虽然多方搜罗，仍然捉襟见肘。尽管清朝政府有心加强官办社会福利事业，但实际情形却是有心无力。面对这种情况，在地方乡绅力量不断壮大的晚清社会，封建官府的社会福利政策更加趋向于依靠民间，民办社会福利事业乘势崛起。而在晚清民间社会福利中，最为突出的就是保婴和育婴事业。

在救助弃婴方面，地方士绅的作用在清中后期发挥的作用越

[1] 梁其姿：《施善与教化——明清的慈善组织》，河北教育出版社 2001 年版，第 99—110 页。

来越重要，显示出其不可替代的突出地位。民国《川沙县志》卷十一《慈善志》记载，江苏省松江府育婴堂建于康熙间，后废止。“嘉庆十四年，郡人杜昌意、张铭新等，捐资四千缗为基金后，购置四十一保坊一图房屋一所，重建育婴堂。翌年工峻，即订定规条，开始收婴。道光时，复增订条文，并购堂之河西醉白池屋为征租处。”再如民国《邕宁县志》卷一《社会志》记载，广西邕宁县育婴堂初为官方创办，后不得不依靠乡绅支持。道光二十一年（1841年），邑中士绅捐银千余两，以解决其经费问题。另外，在清晚期的育婴事业中出现了一个显著的新变化，即民间慈善组织的拯救婴儿行为开始配合家庭制度，出现了家庭维护倾向。例如，道光二十三年（1843年），无锡绅士余治等人在北门外青城乡创立保婴会。与之前的育婴堂做法不同，保婴会将救助弃婴的重点放在救助贫困育龄夫妇上。由于溺婴或弃婴的主要原因是贫困，因此保婴会的救助方式的重点是救助贫困家庭。据余治的《得一录》卷二《保婴会规条》记载：“凡乡里有生育男妇，果系极贫而不能留养者，局中例给钱米半年，令其暂养。如万不能养，再为设法安置，或代送婴堂，全其性命。”这种方式，效果明显。“数年来全活颇多，二十里内溺女之风亦渐稀少。”因此周边地区纷纷效仿，“江邑青旸等镇及本邑徙门、秦巷均有善士仿照倡行”[1]。与育婴堂制度相比，保婴会的做法维护的不仅是婴儿的性命，而是家庭的完整性，从理念上来看具有明显的进步性。另外，民办育婴堂还有一个显著变化，即从传统的只“养”转向“养”、“教”、“工”结合。例如，无锡育婴堂规定，“男孩六岁以外，司年司月（分年分月的管理人员）酌送义塾读书，十二岁以

[1] 陈桦、刘宗志：《救灾与救贫：中国封建时代的社会救助活动（1750—1911）》，中国人民大学出版社2005年版，第414—415页。

外，倘质性愚钝不能读书者，酌行送业”。上海抚育局专收容少年乞丐，明确揭出其宗旨“局名抚教，谓抚养而兼教习也。养为目前计，教为终身计”。章程列出“教”的项目有刻字、印书、裁衣、皮匠、竹匠、扇骨、洋铁、编芦、剃头等。“养”、“教”、“工”结合无疑是我国儿童福利史上一个重大进步。

鸦片战争以后，西方天主教、基督教传教士大量涌入中国。这些传教士除了有侵略中国的一面之外，也开展了一些社会福利活动，其中最重要的是外国教会在华开办的各类育婴堂、孤儿院、盲童学校和聋哑学校等。咸丰十一年（1861年），天主教江西主教罗安当在南昌设立了筷子巷育婴堂，这是教会在中国内地开办的第一所育婴堂。此后一批教会育婴堂陆续建立。直至清末，教会举办的慈幼机构遍布大半个中国。据基督教中华续行委办会调查特委会对1901—1920年中国基督教事业统计，天主教在中国办有150—200所孤儿院（其中大部分是收养女孩子），共收养15 000—20 000个孩子。这些孤儿大多分布在直隶（26）、江苏（21）、浙江（14）、广东（13）和蒙古等地。[1]尽管教会举办的儿童福利机构遍布全国，但是规模较大、条件较好的主要集中在大城市。例如在上海，仅法国天主教传教士兴办的慈幼机构，就有土山湾孤儿院、圣母院育婴堂和一所聋哑学堂。

教会举办的慈幼机构在管理上采取“养”、“教”、“工”结合。“教”主要是进行宗教教育。宗教教育以外的教育主要是职业教育，例如土山湾孤儿院有木工、制鞋、成衣、雕刻、镀金、油漆、绘画、纺织以及农田耕作等。教会的育婴堂、孤儿院在收留婴儿或幼儿时，往往要求人们在预先印制好的“永诀字句”上画押，声明孩子的“一

[1] 王子今、刘悦斌、常宗虎：《中国社会福利史》，中国社会出版社2002年版，第281、283页。

生由堂内做主，在堂夭亡或成废……绝不可以以德为怨”。等孩子长到五六岁时就要开始学习和教育。女孩通常要学习刺绣、做花边、编织、缝纫等，并负责勤杂事务；男孩要学习印刷、修琴、画圣像、木工、铁工和其他杂工等。教会举办的慈幼机构带进了很多西方理念，更加关注儿童从养育到成年自立的整个过程，并特别重视儿童的教育和未来发展。但是教会慈幼机构也存在很多问题。例如，教会孤儿参加劳动是无偿的，实际上充当了教堂的摇钱树；孤儿的工作每天都有定额，完不成工作任务的孤儿有可能要遭受宗教性惩罚和辱骂、体罚；孩子长大成人之后，由修女代为择配，与信教之人结婚，通常不允许自由婚姻。晚清时期，中国各地教案迭起，有不少是因为教会育婴堂婴儿大量死亡而引起当地民众的怀疑和愤怒。为了平息事端，清政府对教会育婴堂采取了不鼓励政策，并力图将其纳入监控范围之内。

除了官办和民间组织兴办的儿童福利机构外，清代宗亲家族组织的互助同样在儿童救助上发挥着重要作用。宗族组织的互助主要是通过设置于族内的义庄或义田实现的。也就是说，宗族互助活动的开展依托的是宗族的田产。我国最早的义庄记载是北宋范仲淹设立于苏州的范氏义庄，义庄在清代获得了较大的发展。从地域分布来看，义庄和义田在北方较少，在长江以南地区较多，特别是在江浙一带比较集中，其中尤以苏州、松江、常州三府最多。宗族组织救助对象必须具有族内的血缘关系，救助内容包括赡贫、养老、恤病、助婚、送葬和助学等。在儿童福利上主要表现在两个方面：一是生育补助。这是对族内贫困家庭产婴后的补贴措施。从继承香火的理念出发，宗亲家族对族内家庭生育之事非常重视，许多义庄都对贫困家庭产妇有补助措施。如济阳义庄，“族中生育，极贫苦之家，俟生育后，凭该房长报庄正查明后，给产母钱一千四百文”[1]。二是教育资助。族内子弟的教育，关系到宗族的未来发展。所有具有一定规模的义庄和义田均拿出大笔经费鼓励族中子弟接受教育，参加科举考试，以博取功名、光宗耀祖。乾隆《浦江县志》卷二《风俗》记载，所谓“贤田之立，立世而递增，所以教育子孙，读书上达也”。

第四节 | 古代社会儿童福利的主要特征和局限

中国的儿童社会福利制度有其深厚的思想基础和历史根源，这些福利思想根植于中国传统文化，并指导着我国古代儿童社会福利政策、制度设计和救助行为。

一、古代儿童福利思想特点

中国的儿童社会福利体制的基础和根源是其背后的价值观念和指导思想，特别是包含在中国传统文化中的福利思想。这些思想蕴含在以下古代儿童社会福利的政令和实际的儿童服务运行机制中。

第一，“慈幼”的民族传统理念。从中国传统儿童福利思想来看，“慈幼”思想无疑是最重要的。从《易经》中“蒙以养正”到《礼记·礼运·大同篇》的“幼有所长”，“幼吾幼以及人之幼”等古代文献中，关于“慈幼”的论述都清晰地表达了一种儿童福利的思想。“慈幼”既包含对儿童成长发展客观规律的尊重，又有原始人道主义对儿童的特别体恤和关爱，同时也蕴含着中国传统文化的家族、团体观念。

[1] 《济阳义庄规条》，载王国平、唐力行编：《明清以来苏州社会史碑刻集》，苏州大学出版社 1998 年版，第 261 页。

这种思想在封建社会官方和民间的儿童救助中也有明显体现。例如，宋代创立慈幼局和慈幼庄之后，历代的官办和民办儿童救助机构往往都冠以“慈幼”的名称，这反映出“慈幼”思想在我国儿童福利政策和实践中都具有十分重要的地位。

第二，民本思想。从封建王朝举办儿童福利的动机来看，民本思想是最重要的理论基础。在中国古代社会，历代帝王都以“天子”自居，把天下苍生视为其“子民”，他们也将保护其子民作为天然责任。也就是说，统治者通常都将关怀民生疾苦、救助鳏寡孤独废疾者当作义不容辞的责任。而儿童作为最弱势的群体，同时又承载着国家和民族的希望，恰好是民本思想的最佳体现。中国古代形成的这些民本思想主要体现为政令中那些体恤百姓的内容。民乃国之本，人口繁盛是历代统治者追求的理想。古代社会官府为了鼓励生育颁布有关儿童抚养和生育补助的诏令，更多体现的是封建统治者的人口政策，目的是增加人口数量以发展生产，巩固朝廷的统治地位。这些政令和文书在社会发展进程中不仅发挥着对儿童的实际救助功能，而且传递着当时对于儿童问题的社会共识和价值理念。因此，中国历朝历代都将儿童救助放在一个优先的位置，这一点在宋代以后出现的专门性官办儿童福利机构中最为明显。

第三，古代传统文化蕴含儿童权利观念的内核。儒家思想对中国影响最为深远。一方面，儒家思想一直把人放在价值关怀的中心位置。例如，“未知生，焉知死”的思想体现了对个体生命权、生命力的尊重。除了儒家之外，墨家更为直接地提出了“兼相爱，交相利”的思想，希望人人能够“视人之国，若视其国；视人之家，若视其家；视人之身，若视其身”，这是一种“爱无差等”的思想，显然也适用于对待儿童的态度。此外，儒家思想关注今生今世，重视人的生命价值，把希望寄托在人生的此岸，这是儿童观念的重要价值，以朴素的形式反映出了儿童权利的观念。[1] 因此，儿童福利本身很好地体现了传统儒家思想中的“仁爱”、“兼爱”。

第四，近代以来，中国儿童福利思想也受到西方儿童福利思想的影响。鸦片战争之后，西方传教士不断涌入，他们不仅在中国传教，而且利用教会兴办了很多儿童福利机构。西方传教士所经营的慈善机构带来了不同于我国传统福利机构的新思想和新理念。例如，西方教会兴办的儿童福利机构注重“养”、“教”、“工”相结合，特别重视儿童教育和职业技能的培养。此外，教会兴办的儿童福利机构也对中国本土的儿童福利机构的兴办产生了一定的影响。例如。清末民初的张謇就通过各种渠道了解教会在华东地区创办慈善机构情况，并在亲自参观了上海教会的慈善机构后，参用徐汇教会育婴方法开办了育婴堂。而后，他又在了解我国北京、上海、烟台等处的基督教会设立的盲哑学校情况之后，创办狼山盲哑学校等。

二、古代儿童福利制度特点及局限

综合以上讨论，可以发现中国古代社会儿童福利制度具有以下几个显著特点。

第一，中国古代社会，官府介入儿童福利的程度较之西方前资本主义社会要深入得多。由于封建君主都怀有“家天下”的思想，将老百姓视作其子民，因此自然也将儿童救助当作官府的责任。例如，我国早在春秋和汉代就通过官府补助的方式来鼓励生

[1] 陆士桢、魏兆鹏、胡伟：《中国儿童政策概论》，社会科学文献出版社 2005 年版，第 50—51 页。

育。对于贫困家庭的生育和养育行为，封建官府往往通过免征赋税徭役等方式来帮助贫困家庭。到了宋代，官府介入儿童福利事业达到了高峰。宋代官府创办了收养遗弃小儿钱米所、婴儿局、慈幼局和慈幼庄等多种形式的专门性儿童福利机构，采用蠲免丁税、助产胎养等多种方式防止杀婴和溺婴现象，同时还采取措施资助和鼓励民间积极收养弃婴、孤儿。明清时期，官办儿童福利机构的做法基本上被延续下来。同时，官府对于民间官绅士民参与儿童福利事业给予积极的支持和资助，并在这个过程中试图将一些民间福利机构纳入官府的管理和控制。只是到清代晚期，官府的经济能力和社会控制能力都大大降低，才使得民办儿童福利机构和外国教会办的儿童福利机构异军突起，但这并不代表官府想要放弃社会福利事业的主动权，只是力不从心。

第二，中国古代儿童福利以救助为主。在经济不发达且社会动荡、自然灾害频繁的古代社会，救助毫无疑问是儿童福利最重要的方式。不管是官办的儿童福利机构（例如，宋代的慈幼庄、慈幼局，清代的育婴堂）还是民办的儿童福利机构（例如，慈幼社、育婴堂），其主要目的都是收养弃婴。从救助方式来看，我国古代儿童救助既有机构救助，也发展出津贴、补助、赋税徭役豁免等多种形式。针对贫困家庭由于生育和养育困难往往采取溺婴、杀婴或遗弃婴儿的行为，封建官府会通过免除困难家庭赋税徭役或者给予一定的物质帮助（例如，谷米）来帮助他们生养孩子。例如，东汉汉章帝元和三年（公元 86 上）诏令“婴儿无父母属，及有子不能养食者，禀给如律”南宋宋高宗绍兴十五年（1145 年）诏令“贫民产子赐义仓米一斛”，等等，都是对贫苦家庭儿童的家庭补助和救助。

古代社会真正具有一定普惠性的儿童福利措施似乎只有生育

补助。在中国，历朝历代的统治者都将人口显著增加作为太平盛世的重要标志。特别是在战争时期，人丁兴旺对于封建国家来说显得更加重要。因此，古代社会的封建官府无不将鼓励生育作为国策并采取一定的措施。

第三，政府救助、宗族救助、民间慈善组织结合在一起。我国古代社会，官府的儿童救助是重要的。从儿童福利机构的举办方式上来看，也发展出官办、民办官助等多种形式。但是在古代社会，官府的儿童救助力量往往有限且覆盖面非常窄。因此，儿童救助更多的是依靠宗族互助和民间慈善救助。实际上，在古代社会，儿童的生存发展以及困难儿童的救助主要是要依靠以家族和宗族为主体的地方社会。宗族儿童救助由同姓、同族的群体担负，有互助互帮、邻里相助的伦理价值，也有众多不成文的乡俗民约、协调组织在实际发挥功能。并且，宗族救助在救助形式上创造出了“举子仓”、“义庄”等多种形式。即使在今天，基于血缘的宗族儿童救助仍然发挥着重要作用。在宋代以前，由于宗教（主要是佛教）影响力的扩张，由宗教组织举办的社会福利机构在儿童救助方面发挥了重要作用。隋唐以来，由于封建官府的打击，宗教救助逐渐弱化，而官府的儿童救助得到发展。到了宋代，官府救助进入一个鼎盛时期。明清以来，由于官府在地方社会的影响逐渐减弱，民间慈善组织创办了大量儿童救助机构，一定程度上填补了由于官府退出而带来的空白。

第三章

近代及民国时期的儿童福利政策与儿童福利制度

第一节 | 民国时期的儿童福利机构和团体

辛亥革命推翻清王朝并建立民国之后，北洋政府虽然在儿童福利事业上没有什么主动作为，但也基本上继承了清朝的福利机构和做法。究其原因，主要是因为辛亥革命并没有经过大规模的破坏战争，相应的福利机构基本上得以保留。随着中国民族工业的发展，同时在福利思想上日益受到西方国家的影响，民国初年也出现了一批热心于社会公益事业的慈善家。他们效仿西方的做法，创办儿童福利机构，在中国儿童福利史上有重要影响。其中，最重要的儿童福利机构和团体如下。

一、张謇创办的儿童福利机构

张謇是民国初年著名的实业家，曾任孙中山南京临时政府的实业部总长。受到西方传慈善思想的影响，他在开办实业的同时非常重视地方慈善事业的发展。[1] 他在南通设立育婴堂、养老院、

[1] 赵有梅、张照青:《论张謇举办慈善事业的缘起》,《西南交通大学学报（社会科学版）》，2007 年第 3 期。

残废院、盲哑学堂、盲哑师范传习所、贫民工场、栖留所等，其中儿童福利方面最值得称道的是育婴堂和盲哑学校。南通本来已有育婴堂，但是条件十分简陋。清光绪三十年（1904年），地方打算对其进行改造，邀请张謇兄弟查看情形。张謇认为原有育婴堂“邻廛栉比，地极低洼，屋小如斗，其向东西，每逢阴雨，积潦沮洳，湿气蒸郁。冬夏晴霁，朝阳夕阳，又薰灼之”。于是，他另选中一块地方，“其地三面环流活水，清空之气，合于卫生”，建立新育婴堂。育婴堂所需经费，3/4由他首先带头说服大生纱厂的股东们从纱厂的红利中捐出，另外1/4是地方政府采纳他的建议从义渡田租项下拨助。[1]新育婴堂不仅要求合乎卫生条件，而且管理上也更加优良，因此开办一年，即“活婴千余”。

张謇在儿童福利事业上另外一个重要贡献是开办盲哑学校。当时西方教会在中国北京和上海等地已经建立了一些盲哑学校，但是还没有中国人自己建立的盲哑学校。张謇在大量考察国内外特殊教育后，于1912年创办狼山盲哑学校，并带动全国各地先后创建了一批盲哑学校。盲哑学校的核心思想就是“为造就盲哑具有普通之学识，逼使自立谋生”。盲哑学校的教育目标：（1）供给盲哑适应生活上的知识；（2）把分利的盲哑养成一种技艺，做生利的国民；（3）增进盲哑享受社会娱乐的幸福，以减少其单调乏味之生活；（4）“始在收教育之效”，“其归所不待人自养”[2]，也就是使他们能够独立自存、自谋生计。因此张謇非常重视盲哑学校的职业技术教育，从一开始就规定手工、农工为盲哑学生必修课，以后又开设滕工、刺绣、美工、打字、排字等课程。为了培养专门的盲哑师资，张謇还在建立盲哑学校之前，首先筹备建立了盲

[1] 张謇：《张謇全集》第四卷，江苏古籍出版社1994年版，第337—339页。
[2] 宋小江：《秉承张謇教育思想，开拓现代特教之路》，《现代特殊教育》，2009年第7期。

哑师范传习所。张謇创办的盲哑学校及盲哑师范传习所是中国人自行建立的最早的盲哑儿童社会福利和教育机构，开创了我国特殊教育事业的先河。

二、北平香山慈幼院

熊希龄也是民国初年我国重要的儿童福利事业践行者。民国五年（1916 年），北京、天津、河北等地发生了特大水灾。水灾过后，哀鸿遍野，几万儿童无家可归。时任民国政府财政总长的熊希龄在救灾的过程中感觉到儿童的境遇最悲惨，便联络当时热心于儿童福利事业的人士（如周作民、查良钊等）一起设立了一所慈幼局。但慈幼局仅仅是一个临时救济所。水灾过后，尽管大部分儿童都由家长领回，但仍有 200 名儿童无人认领，而其他社会福利机构也无力承养。在这种情况下，熊希龄于 1920 年在北京香山创立了“北平香山慈幼院”，并亲任院长。香山慈幼院的办学宗旨正如熊希龄所言:“教养孤贫失学之男女儿童，使有适当之智能道德，俾可谋生于社会。”该院以我国旧制学校为背景，并尽量参照西方儿童福利及教育为创院蓝图，起初设有幼稚园、小学，后添设中心、师范、中心职业学校及工专各班。民国二十二年（1933 年），各部改制而为五校。

第一校为教保园、幼稚园及家庭总部。教保园负责训练保姆人才，研究推行婴儿教保方法，收容孤苦失依儿童，给予合理抚养，救济孀居、被弃、失业的妇女，训练其儿童保育常识与经验及谋生技能。幼稚园专收 4—6 岁学前儿童，采用设计教学法，开发动机进而引入有计划的课程活动，并训练儿童独立互助精神。每周还举行问题儿童讨论会，进行儿童心理分析及行为纠正等，力促儿童身心尽快发展。家庭总部采取西方“小家庭式的机构教养”方式，目的是使一些贫困儿童能获得正常的家庭生活，培养伦理观念、亲情关系，在日常生活中训练儿童与家人的相处之道，并了解接人待物之法。第二校是完全小学，分为低、中、高三级。低级（一、二年级）采用游戏及故事为中心的教学法；中级（三、四年级）采用以故事及问题为中心的教学法；高级（五、六年级）以问题教学为中心，并注重职业及劳作教育。第三校是幼稚师范学校，培养幼稚园教师，“招愿替全民幼稚教育作终身事业”的女生。第四校是农工试验场，目的是训练儿童独立谋生技能，并发展儿童的工作兴趣，为儿童日后择业做准备。第五校是职工学校（职业与专工教育），主要为就业做准备。职业科专招男生，是正规的职业教育，学制三年，学科有农工、金工、营养化学、染织、陶瓷、银行等。专工科兼招女生，学制三年，有农、工、染织、印刷、排版、刻字、皮件、刺绣等。[1]

初入慈幼院的儿童，智商高的编为一级，智商低的编为另一级，普通的再分作数级。慈幼院还规定高小毕业须入工场学工三年，年龄大一些的儿童，男生 14 岁以上者，一律到工场做工，女生 11—12 岁以上者一律学习缝纫。边学工边读书的称半工半读级。年龄在此以下的，只读书不做工。对于年龄过小的儿童另设蒙养教育级。对有精神缺陷或生病的儿童开设治疗教育级。对于那些愚顽记过被送往感化院的儿童，设为特殊级。[2]1937 年 10 月熊希龄病逝香港后，香山慈幼院由熊希龄的夫人毛彦文继承下来。面对兵荒马乱、朝不保夕的时局，毛彦文采取了到外地办分院的办法，先后在广西桂林、柳州和湖南芷江、四川重庆开办了几所分院。1949 年 1

---

[1] 周震欧：《儿童福利》，台湾巨流图书公司 2001 年版，第 94—95 页。

[2] 佟梅：《熊希龄与香山慈幼院》，《北京档案》，2000 年第 9 期。

月北平和平解放，香山慈幼院移交给北京市人民政府接管。

三、中华慈幼协会

该会由国民党政府财政补助孔祥熙，联合高凤池、邝富灼、郭秉文等共同创办，于民国十七年（1928 年）四月在上海成立，蒋介石任名誉会长，孔祥熙为理事长。其经费来源是会员会费、社会人士捐助、政府与公益团体补助，及该会本身受益等。为了普及儿童福利观念，该协会发行了《慈幼月刊》、《现代父母月刊》、《今日儿童》等刊物，出版了《怎样教小孩》、《父母学》等书籍，宣扬慈幼事业，提倡亲子教育。该协会还分别于 1934 年和 1936 年在上海和青岛两地发起了两次全国性慈幼会议。有 20 多个省市、100 多个机关团体代表参加，共同商讨儿童福利的推行。在国际参与方面，该协会还到瑞士、法国、印度尼西亚等国参加国际性的慈幼会议。抗日战争时期，该协会在上海设立儿童及婴儿收容所，并先后在后方各省设立难童教养院，在沦陷区各省成立教养院，收容抢救难童数万人。[1] 值得一提的是，为使儿童福利事业能够引起更多人的关注，中华慈幼协会还倡议规定每年的 4 月 4 日为中国儿童自己的节日———儿童节。

四、战时儿童保育会

抗战初期，中国儿童大量流离失所，不少沦陷区儿童被日军施以奴化教育，甚至被杀害或劫到日本和朝鲜。儿童是国家和民族的未来，抢救和保护流离失所的儿童成为战时的一个重要任

[1] 成海军：《中国特殊儿童福利》，中国社会出版社 2003 年版，第 40 页。

务。当时成为抗战临时指挥中枢的武汉汇集了一批国共两党以及无党派的妇女界知名人士。面对这种情况，妇女界首先行动起来。1938 年 3 月，在宋美龄的领导下，中国妇女界成立了战时儿童保育会。战时儿童保育会的经费来源有两方面：一是捐募。保育总会在经济委员会下设立征募组。保育总会的理事和工作人员不辞劳苦，通过各种形式多方募集。尽管国内社会各界也踊跃捐款，但是保育会经费的主要来源是海外捐款。二是请求政府机关补助。从 1939 年 2 月起。国民政府财政部按月补助保育会 3 万元，具体由赈济委员会拨发。到 9 月拨款又增至 6 万元。到 1941 年 1 月，每月补助款进一步增至 40 万元。

战时保育会主要开展了三方面的工作：（1）抢运难童。抗日战争打响后，儿童保育会的首要任务是抢救抢运难童。由于战争形势和条件所限，汉口临时保育院基本上属于中转站的性质，不断有难童进来，又不断转移到更远的大后方去。保育会在长江航运要地宜昌设立运接站，负责转运各保育院送来的难童。后又在万县、巫山增设了运接站。1940 年 4 月 15 日，由于日军进犯鄂西，保育总会决定结束宜昌运接站的工作。在整个抢救难童的工作中，宜昌运接站做得十分出色，两年间共接运和抢救儿童 1.5 万名以上。（2）成立保育分会。从 1938 年春到 1941 年秋，保育总会先后在重庆地区建立了 11 所直属保育院。此后，各地分会和保育院相继建立。据统计，全国总共设有 14 个分会，先后成立了 61 所保育院和儿童收养机构，接收总会转来的难童和流落到本地的难童。各分会一般是由当地行政首长的夫人出面主持，由妇女界、教育界、宗教界等知名人士组成理事会，负责具体工作。抗战胜利后，保育总会在工作总结中写道："本会成立之初，正当敌人疯狂轰炸之时，各城市及各沦陷区儿童亟待救济，本会同仁不顾炮火危险，至各沦陷区抢救流离失所之儿童，运送后方安全区域。八年以来，共收容教养儿童二万九千四百八十六名。”（3）开展保育生的保育和培养工作。保育院首要的工作是要使保育生能够健康地成长，这在抗战时期艰苦的条件下，已经很不容易。除了衣食保障之外，医药卫生条件对保育生的健康成长也至关重要。为此，保育会在重庆附近设置了疗养院及医院各一所，为儿童诊治疾病。保育生从几岁到十几岁不等，大多数处于小学教育阶段。总会所辖各保育院依照教育部颁布的小学四二制办法施教，所用的课本也是经过教育部审定的。除了正规的文化课程，各保育院都很重视生产劳动教育。各地保育院都设有小规模的农场和工厂，儿童分别参加农事、畜牧、纺织、缝纫、竹木藤工艺、装订印刷以及运输等工作。保育生在保育院完成小学教育后，根据保育总会与教育部商定的办法，经过考试，成绩好的准许升入指定的国立中学、师范学校或各种职业学校。成绩次的，便送到各工厂去习艺。[1]

1945 年 8 月抗日战争胜利后，保育会随即开始着手保育生的复员工作。总会及各分会除将有家的在院保育生及习艺生通过善后救济总署协助遣送还乡之外，其他无家可归的分别移交社会部各省社会处育幼院继续教养。升学保育生中有家的，遣送回乡；无家的可以仍继续留川攻读，均由教育部负责公费供应到高中毕业。

五、中国福利基金会

该会由宋庆龄创立，其前身是保卫中国同盟。1938 年 6 月 14 日，保卫中国同盟在香港宣告成立，由宋子文出任会长，宋庆龄

[1] 古为明：《中国战时儿童保育会述略》，《抗日战争研究》，2006 年第 4 期。

担任主席。经宋庆龄邀请，国际友人克拉克女士任名誉书记，诺曼·法朗士教授担任名誉司库，爱泼斯坦先生担任宣传工作。此外，廖梦醒、邹韬奋、许乃波等参加了保卫中国同盟的工作。保卫中国同盟的主要任务是“积极从事国际范围内筹募款项，进行医药工作、儿童保育工作与成立工业合作社等活动”。保卫中国同盟将儿童工作列为三项主要任务之一。为此，宋庆龄联合何香凝、史良、王造时等民主人士，在香港和海外募集了大量资金和生活用品，源源不断地输送到后方和敌占区的儿童中去，为抗战胜利和抗战期间的儿童福利工作做出了贡献。

抗日战争胜利后，宋庆龄把保卫中国同盟改名为中国福利基金会，准备进行“战争创伤的恢复和建设工作”。但是，不久后蒋介石发动全面内战。在这种形势下，她一方面继续援助解放区的国际和平医院、医学院、托儿所、孤儿院、实验农场和制药厂等机构，另一方面，她在上海成立了“儿童工作组与儿童剧团”。宋庆龄以中国福利基金会的名义，在上海工人区先后建立了三个儿童福利站，将儿童的救济与儿童教育、儿童医药卫生结合起来。儿童福利站内设妇幼保健室、识字班、图书室。保健室免费给贫苦的母亲和儿童进行健康检查、疾病的防治并发放营养品，识字班采用陶行知先生的“小先生制”，让没有机会上学的孩子得到教育，并在两年内迅速发展至 300 多个班。图书室向儿童推荐进步书籍，组织读书会，或将图书送到里弄工棚。儿童剧团由贫苦儿童组成，上演进步剧目，使广大儿童接受健康和富有意义的教育。

此外，宋庆龄与美国战灾儿童义养会等国际机构合作，获得大量国际援助，并以此帮助全国 30 多个机构、团体，援救了 500 多个难童。同时，宋庆龄还从中国福利基金会拨款援助上海慈善机关办的 10 所文化教育机构、13 所贫苦儿童义务学校及原由国民党政府资助的湖南的4所孤儿院，使这些即将解体的机构维持下来。[1]新中国成立后，中国福利基金会仍然发挥着积极作用，宋庆龄也成为新中国儿童福利事业的重要奠基者。

第二节 | 抗日战争时期国民政府的儿童救助和福利政策

抗日战争时期是国民政府儿童福利发展的一个重要时期。由于抗战的持久和国民经济的极度贫乏，导致了数量庞大的弃婴、遗孤、伤残、流亡等不幸儿童。同时，由于战争的原因，就连一般儿童的保护和教养也面临着人力、物力和财力的巨大困难。在这种情况下，国民政府和社会各界采取了一系列措施拯救难童，并成立了大量儿童救助团体。

抗战期间国民政府的儿童福利工作以1940年国民政府社会部的成立为界，可以明显地分为两个阶段。前一阶段，国民政府主管儿童福利工作的机构为赈济委员会，其中心工作是规划督导各社会团体对战灾难童进行救助；后一阶段，国民政府社会部作为全国儿童福利工作的主管机构，不仅负责未沦陷各省儿童福利工作的指导监督，而且直接举办了一批儿童福利直属机构，并进行了多种形式的儿童福利实验示范，为我国现代儿童福利事业的发展积累了经验。[2]

一、社会部成立以前的儿童救助和福利政策

社会部成立以前，赈济委员会是抗日战争时期国民政府儿童

[1] 吴淑珍:《宋庆龄与中国儿童福利和教育事业》,《中山大学学报》, 1988年第3期。
[2] 陈竹君、张莉清:《抗战期间国民政府社会部的儿童福利工作述论》,《乐山师范学院学报》, 2007年第9期。

救济的主管机构。它的前身是1928年成立的赈灾委员会，隶属国民政府。1930年1月改称赈务委员会，改隶行政院。抗日战争初期，为救济大规模出现的难民，1937年9月7日行政院通过《非常时期救济难民办法大纲》，决定成立“非常时期难民救济委员会”，在南京设立总会，各省、直辖市设立分会，各县、市设立支会。1938年4月，为统筹全国赈务与救济行政工作，提高赈济行政权限，国民政府将原来的赈务委员会、行政院非常时期难民救济委员会总会以及内政部民政司所职掌的救济行政，合并改组成立“赈济委员会”。赈济委员会隶属行政院，由行政院院长孔祥熙兼任赈济委员会委员长。赈济委员会负责协调各省市的救济机关与慈善团体，并将全国分为八个救济区，各救济区设难民运送配置总分站，以期“不令难民失所，凡我战区流亡同胞，务须使其居有处，食有所，得免冻馁之忧”[1]。南京赈济委员会总会成立后，各省赈济委员会也纷纷成立。例如，1939年1月17日，“奉行政院颁布《各省振济会章程》”，广东省政府第二次省务会议决定将非常时期难民救济委员会广东分会改组为广东省振济会，由省政府主席李汉魂兼任主任委员，主持日常事务，并由省政府聘请社会各界热心慈善事业的社会名流担任委员、名誉委员或顾问等职。

赈济会成立后在各地开办儿童教养院（规模较小者称为教养所），主管指导抗战时期和难童救济教养工作。1938年各地儿童教养院（所）陆续成立。到1941年，赈济委员会先后设立儿童教养院所、婴儿保育院共计31个。这些儿童教养院多集中于重庆、陕西、豫西、桂林、广东、安徽、湖南、福建等地。此外，宁夏也有一所儿童教养院。另据赈济委员会1940年7月发布的数据，

[1] 秦孝仪主编:《革命文献（第96辑）》，中国国民党中央委员会党史委员会1984年编印，第430页。

该会直辖各院所教养儿童 7 879 名。但是，这些儿童教养院（所）除少数几个集中在大后方外，其他的大都与敌占区非常接近，开展难童救济工作面临各种困难。因此到 1942 年，“嗣因环境及事实上之变迁，先后裁并，现时计有二十四个直属院所”。虽然各地教养院面临诸多困难，但在救助难童方面却做出了很大贡献，各儿童教养院（所）先后共“收容儿童一万零六百八十名”[1]。再以广东省赈济会为例，据《广东政治》记载，至 1941 年底，儿童教养院发展到共计有振济委员会下辖儿童教养院三院，省振济会下辖儿童教养院四院，以及实验中学、实验小学、培德各一所，共收容义童及抗战军人子弟 8 000 余人。

儿童教养院管理适应抗战的需要，具有明显特色。教养院的办院宗旨是：“难童的救济教养，是以减少民族的牺牲与敌人奴化的对象，并培植民族幼苗、养成建国干部为宗旨。”在管理结构上，1940 年赈济委员会公布的《赈济委员会直辖儿童教养院组织通则》规定，教养院设院长一人，由赈济委员会委任。但是收容儿童在 100 名以上的各儿童教养院，可申请经核准后设一副院长。在院长之下设一院务会，统领全院的工作。教养院的其他行政机构一半设有事务组、教务组、生产组三个单位，但各地在实际操作过程中有些差异。如广东儿童教养院设立了事务组、教导组、生产组，河南儿童教养院设立了事务组、教导组、保健组。除此之外，各儿童教养院还设立了膳食管理委员、采购审核委员会、童子军团部等。在以上三个基本组之下，设立各组会议，其下设立各股负责实际工作。教导组一般下设教务股、训育股等，事务组一般下设文书股、会计股、出纳股、庶务股等。适应战时需要，教养院

[1] 苏新有：《抗战时期国民政府难童救济述论——以赈济委员会儿童教养院为例》，《贵州社会科学》，2011 年第 7 期。

的军事化特征比较明显。例如，广东省教养院为了加强对难童的管理，在初期主要采取军事管理的方式。例如，在儿童教养院管理体制上，儿童每25人设一班，每班设导师一人，每十班或八班合为一个教育区，每区设区导师一人。每院分成四个或五个教育区，采用导师制，实行儿童军事化管理，或"分大队和中队的编制，以一大队为一管训单位，大队设大队长一人，中队设中队长一人，均由导师兼任。中队以下有小队长，是选拔学生充任，使他们养成自治的能力"[1]。在经费来源上，赈济委员会直辖儿童教养院的经费是由赈济委员会从赈济款中拨付的，其他不足的部分由各儿童教养院自筹。例如，广东省振济会成立后，1939年3月，中央振济总会拨给广东省儿童教养院国币10万元，省振济会拨给儿童教养院国币5.5万元。河南儿童教养院最初为第二集团军临时难童教养院，1940年4月奉令隶属第一战区司令长官部，改称第一战区难童教养院第一分院，它的经费很大一部分来自第二集团军和第一战区司令部的军费[2]，其他部分由赈济委员会补助。1944年，河南儿童教养院改隶赈济委员会，经费由赈济委员会承担。

儿童教养院的教养目标包括五项：（1）培养健全的体格；（2）培养善良德性；（3）培养国家民族意识；（4）授予基本知识；（5）训练生活技能。同时，教养方针也包括五个方面的内容：（1）依儿童之年龄程度分别编制为婴儿、幼儿、学龄儿童各阶段，各施以适当之教育与养护；（2）训练方面，应特别注重清洁卫生习惯之养成及劳动精神之培养、团体生活之指导；（3）食衣住等日常生活，应以简单质朴为原则；（4）对于年龄稍长的儿童，应

[1] 闫亚平、纪宗安：《太平洋战争爆发前后广东对难童的救济》，《广西社会科学》，2008年第3期。

[2] 秦孝仪主编：《革命文献（第100辑）》，中国国民党中央委员会党史委员会1984年编印，第109页。

特别注重于生活技能之授予，包括农事训练、工厂工艺训练、商业训练、家事训练等；(5) 各种设施，均应含有“明耻教战”的意义，对于年长儿童，并应兼施特种教育，及童子军训练。此外，教养院的军事教育和训练是重要内容。其中，童子军训练最具特色。童子军训练实际上就是“利用难童的心理，及现实性的教材，以加强儿童团体生活之组织，增进国家观念、民族意识，启发爱国思想以备担负建国责任”。童子军训练是针对抗日战争而实施的，并且教养院的毕业生除升入中学外，相当一部分在部队中服务。当然，各地方教养院在贯彻基本目标和方针的基础上，也有一定特色。例如，广东对难童的救济通过“管、教、护、养”这样一个过程，培养出一种自立、自强、自卫的新民族精神和未来国家的新国民。广东赈济机关坚持儿童教养院不仅是学校，而且兼有家庭、学校、农工场、军营四种性质，是完人教育的摇篮的思想。通过对儿童进行军事、政治、文化、经济(生产)的教育，引导他们向“文武合一，术德兼修”的完人方向发展。[1]

二、社会部成立以后的儿童救助和福利政策

南京国民政府建立之初，并未设有专门的儿童福利主管部门。其后，社会福利行政管理体制逐渐形成，福利行政部门职责范围不断扩大。国民政府原有负责儿童福利工作的最高机构是赈济委员会。但是，由于赈济委员会掌管事项繁多，对于儿童事务的管理有些力不从心。实际上，1938 年成立的赈济委员会是难民救济的综合性机构，需要负责难民的救护、运送、收容、给养、紧急

---

[1] 闫亚平、纪宗安：《太平洋战争爆发前后广东对难童的救济》，《广西社会科学》，2008 年第 3 期。

赈济，生产事业的举办、补助及小本贷款，儿童的收容救济等。儿童救济只是赈济委员会的业务范围之一，主要负责指导监督有关部门和团体抢救战争难童并将其运送到后方的各保育院、教养院。抗日战争爆发后，难童数量的激增使得原有儿童救济体系远远不能满足需要。特别是赈济会对不同社会团体、不同部门举办的保育院、教养院无力进行统一规划和监督。为此，设立专门的儿童福利主管机构成为当务之急。在这种情况下，1940 年，国民党中央政府在行政院改组成立了社会部，管理全国社会行政事务。社会部下设总务、组织训练、社会福利三司和合作事业管理局。社会福利司下设专门的儿童福利科，作为中央主管儿童福利工作的最高机构。其后，各省也纷纷设立社会处，专门负责儿童社会福利工作。社会部的设立为儿童福利事业的发展提供了更为可靠的组织保证。

社会部成立之时正值抗日战争时期。在社会动荡和物质极度匮乏的情况下，全国儿童福利工作在社会部统一规划和督导下从无序走向有序。社会部不仅致力于救助战区难童，还做了大量儿童福利工作。其中最重要的包括三个方面：一是陆续颁布了很多儿童福利相关法规；二是先后召开了三次全国儿童福利会议；三是推动儿童福利实验区的工作。

（一）儿童福利立法

在社会部成立以前，国民党政府已经颁布了一些儿童保护方面的法律。如民法第 1077 条、第 1084 条和第 1142 条对于儿童的保护及教养权利，刑法第 270 条、第 288—294 条对于堕胎、溺婴或遗弃的罪刑，工厂法第 5 条、第 6 条、第 7 条和第 12 条对于童工的保护均有明确的规定。抗日战争爆发初期，针对当时大量出现的难童，国民政府颁布了大量有关难童救济教养工作的法令法规。例如，1938 年 6 至 7 月，赈济委员会先后公布了《难童救济实施办法大纲》和《难童救济团体接领及遣送难童派员办法》。同年 10 月，由行政院核准的《抗战建国时期难童救济教养实施方案》作为政策性文件正式公布实施。此后，国民政府又陆续出台了《赈济委员会难童救济教养团体指导改进办法》、《难童生产教育实施办法大纲》、《灾难儿童教养或保育院所学校编制及课程分配》等一系列法规。难童训育方面的法规政策有《灾难儿童训育目标及方法》、《保健儿童衣食住暂行标准》和《难童生产教育实施办法大纲》等。赈济委员会还于 1940 年 3 月 18 日在重庆通过了《赈济委员会直辖儿童教养院组织通则》，对灾难儿童及阵亡将士遗孤施以教养，作为全国儿童教养院的示范。

1940 年 10 月国民政府颁布《社会部组织法》，11 月正式成立社会部，隶属行政院。社会部成立之后，将儿童福利、社会救济和劳工福利作为政府社会行政工作的中心内容。社会部对儿童福利政策的制定非常重视，为此专门设立了儿童福利研究室，研究制定儿童福利政策。1942 年 10 月，国民党五届十中全会通过了《请确定儿童福利立法原则及推行办法纲要案》，确立制定儿童福利政策的原则为："实施儿童福利应以全国儿童为对象"、"应以推行各种积极方法及厉行一切保护儿童之法令为手段"、"实施儿童福利应以妇女福利及其他社会福利为配合设施"等。根据这些立法原则和实施办法，国民政府拟定了《保护童婴运动办法要点》、《奖惩育婴育幼事业暂行办法》、《育幼院设置办法》、《普设工厂托儿所办法》、《社会部免费医疗陪都贫病儿童暂行办法》、《社会部直辖儿童保育机关收容儿童暂行办法》、《战区儿童教养法》等一系列有关儿童福利的法令法规。这些法规对于抗日战争时期开展儿童福利工作的各个方面都作了具体规定。例如，社会部 1943 年 3

月公布的《奖惩育婴育幼事业暂行办法》对各级政府和民间组织举办育婴育幼事业标准作了强制规定：对“教养童婴身心健全达到儿童发育标准者”，“保育设备完全、办理卓有成效者”，“收容孤苦童婴有成效者”等给予奖励，而对达不到标准的机构则给以警告、停止发放补助费或撤销等处罚。[1] 为使儿童福利事业的发展进一步制度化，社会部曾于 1944 年草拟《儿童福利法》，但是未通过立法程序。

此外，社会部还积极推动颁布了一些与儿童福利密切相关的法规。例如，1942 年行政院公布《修正非常时期难民救济办法大纲》，1943 年国民政府公布《中华民国红十字会战时组织条例》、《捐资兴办社会福利事业褒奖条例》等。其后，国民政府正式颁布《社会救济法》，该法将“未满十二岁因贫穷而无力生活的儿童”全部纳入社会救济范畴，规定育婴所、育幼所和习艺所等为儿童救济设施，“婴孩，应受救济者，得于育婴所内留养之”。“凡满二岁以上未满十二岁之幼年男女，应受救济者，得于育幼所内留养之”，“育幼所应按留养儿童之年龄，设置相当班次，授予相当教育，并为技能之训练，或送就近相当学校免费肄业”，“留养于育幼所者，出所时应予以适当之安置”。该法第 30 条还明确规定“对于幼年男女之应受矫正救济者，得设矫正处所，予以矫正”[2]。民国时期通过一系列的儿童福利法制建设，基本搭建起现代儿童福利的法律框架与政策体系。

（二）儿童福利会议

社会部成立后，先后组织召开了三次全国性儿童福利会议，

[1] 陈竹君、张莉清：《抗战期间国民政府社会部的儿童福利工作述论》，《乐山师范学院学报》，2007 年第 9 期。

[2] 《社会救济法》，《抗战建国史料——社会建设（二）》，秦孝仪主编：《革命文献（第 97 辑）》，第 351—356 页。

对于民国时期儿童福利政策与立法的制定，以及儿童福利工作的推动，都产生了重大影响。

1941 年，社会部主持召开第一次全国儿童福利会议，召集儿童福利专家和社会工作者，共同探讨儿童福利工作应有的范围及推动方法，并完成了儿童福利政策实施研究报告手册，作为推动儿童福利工作的指南。该报告的主要成果包括：（1）将儿童福利工作目标分为“善种、善生、善养、善保、善教”五个方面，以培养健全儿童，造就优秀国民，奠定建国的基础。（2）拟定了儿童福利政策、儿童立法原则及儿童福利实施方案。（3）拟定家庭式的教养、机关教养、非婚母保护、残废儿童病院、低能儿童学校、儿童心理保健院各项办法。（4）拟定儿童福利人才训练办法。

第二次全国儿童福利会议于 1944 年召开，由儿童保育会与重庆热心儿童福利工作人士发起。经费由美国援华会补助，会议主要成果包括：（1）完成推进儿童福利建议书，并对战后复原工作提供较为具体的实施标准。（2）成立全国儿童福利协会，以促进儿童福利工作。提升社会对儿童的保护概念，促使政府及社会团体除了以收容教育方式处理难童工作，也采取家庭补助及收养、寄养的方式办理。

1946 年 11 月，第三次全国儿童福利会议由社会部与善后救济署联合召开。会议邀请了全国从事社会行政工作、社会工作教育以及儿童福利工作专家，讨论战后复原儿童福利工作，主要成果包括：（1）确立儿童福利工作由社会、教育、卫生、心理多方面配合推行。（2）与全国大学配合开设课程，训练儿童福利工作人员。（3）成立儿童福利研究社，以调查、咨询及实验方式研究儿童福利工作。（4）通过了十七点大会宣言，为儿童福利立法及行政提供了标杆。[1]

（三）开展社区儿童福利实验

社会部推动的另外一件重要儿童福利工作就是开展儿童福利实验。在抗日战争时期，随着难童数量的日益增加，国民政府在儿童教养和保护方面面临着人力、财力和物力的巨大困难。与此同时，难童的教养问题也得到了广泛关注。国民政府为此制定了具有现代儿童福利意义的"善种、善生、善养、善保、善教"儿童福利政策，对难童实现了从单一救济向教养结合方式的转变。在这种背景下，作为抗战时期儿童福利政策的探索，1943 年，社会部确定在重庆市北碚区设立儿童福利实验区，进行有计划的研究和实验。实验区约请了专家制定计划，聘请专业人员倡导儿童福利事业，研究"五善"政策的理论与实施，实验特殊儿童行为指导和不幸儿童救助，编译儿童丛书，介绍合理方法供各地儿童福利机关参考。同年 6 月，社会部于核准公布的《社会部北碚儿童福利实验区组织规程》中规定：儿童福利实验区以北碚管理局辖境为范围办理一般及特殊儿童福利事业，进行实验研究并推广其成效，以此作为各地办儿童福利所的示范。

北碚儿童福利实验区历年举办的业务设施包括：（1）1943 年 12 月正式成立实验托儿所，收 2—6 岁，分别来自贫困家庭、一般家庭和殷实家庭的幼儿共 100 名。收费根据儿童家庭情况分免费 (占 40%)、半费及自费（各占 30%）。日常生活由教师、保育员和保姆负责指导，旨在培养儿童健康的身心和良好的习惯。（2）1944 年 12 月设立儿童福利所，为一般儿童福利设施。所内设施有阅览、绘画、劳作、表演、游戏等场地及设备，并设有体检诊疗室、理发室、洗浴间等，每日经常开放。为加强儿童家庭

[1] 周震欧：《儿童福利》，台湾巨流图书公司 2001 年版，第 98—100 页。

教育与社会教育的联系，实验区设立了父母会和儿童会两个固定组织，定期举行父母座谈会、家庭访问、儿童读书会、儿童晚会等活动。（3）特殊儿童福利设施包括两类：儿童辅导院为行为及心理异常的儿童提供辅导服务；而儿童教养院专收肢体残障及心智不足的儿童，从事特殊教养。[1]

北碚儿童福利实验区在儿童教养方式上的创新和贡献主要包括三个方面：（1）全方位的保育模式。即将儿童成长所需的健康安全环境、合理丰富的营养、充足的睡眠、丰富多彩的体育活动、对生活充满自信乐观的态度融为一体。（2）充分运用了抗战资源教育儿童。一方面培养儿童热爱国家、珍爱和平的思想，一方面开展积极有意义的活动，帮助儿童摆脱战争的阴影，培养生活乐趣，建立生活信心。（3）开创了儿童福利实验区、托儿所与家庭、社区合作共育的经营理念和开放的经营模式。实验区对内实行家庭化的机关教养，以爱代教，以所为家，拉近了儿童、实验区、家庭三者间的关系。为此，实验区对外开设参观制度，以达到监督和提高的目的，还开设了父母会和儿童会，以加强亲子教育和家庭教育。[2]

北碚儿童福利实验区的经验对以后儿童福利事业起到了很好的示范作用。实验区主事章牧夫曾撰写《北碚儿童福利实验区之过去、现在与将来》一文，在社会部部长谷正纲题名的《社会工作通讯月刊》第4卷第8期上刊发，作为儿童福利工作的经验在全国进行推广。1943年，社会部为推进乡镇儿童福利事业而制定了《乡镇儿童福利站办法纲要》，次年新运妇女指导委员会于四川

[1] 陈竹君、张莉清：《抗战期间国民政府社会部的儿童福利工作述论》，《乐山师范学院学报》，2007年第9期。

[2] 胡小京：《抗日战争时期国民政府的儿童福利政策——以重庆北碚儿童福利实验区为例》，《西南农业大学学报》，2010年第2期。

巴县设立第一个乡村儿童福利站，即参照北碚儿童福利实验区的经验，举办了托儿所、幼儿园、儿童图书馆、儿童游乐场、母亲会等。1945 年，该会又在重庆虎溪乡设立了第二个乡村儿童福利站，为儿童福利由城市走向乡村积累了经验。抗战胜利以后，国民政府根据北碚经验又在南京建立了儿童福利实验区，并倡导各大城市举办社区儿童福利。另外，儿童福利实验区的探索也大大推进了儿童福利事业的现代化。儿童福利工作的社区模式是现代儿童福利工作的重要表现之一。北碚儿童福利实验区以地区为单位，从健康卫生、教育、心理指导、康乐等方面促进儿童全面发展，体现了依托社区办儿童福利的现代理念。

第三节 ｜ 近代及民国时期中国儿童福利制度的特征及局限

一、民国时期儿童福利制度和政策的特征及历史发展

民国时期是儿童福利事业发展的一段重要时期。民国社会的基本特点是连年不断的内战，以及社会结构、阶级结构急剧变迁。同时，民国时期也是价值观念全面更新的时代，各种社会思潮争奇斗艳，不同的价值观念交流碰撞。并且，民国时期的儿童养育、儿童保护和儿童福利思想受到社会各界人士普遍的高度重视，儿童福利处于公共福利事业的优先领域和中心地位，这对于推动儿童福利事业的现代化具有重要意义。这主要表现在以下几个方面。

第一，探索了儿童福利机构的教育和管理制度。古代儿童救济事业与现代儿童福利事业的根本区别在于，前者注重对失依儿童的“救济”并且仅仅局限于维持基本生存，而后者在维持儿童基本生存的基础上需要考虑儿童教育、就业、社会融入等。民国

以前，中国无论是官办还是民办的儿童福利机构，其目的仅在于维持儿童的基本生存。清末以来，受到西方儿童福利思想影响，一些儿童福利机构已经开始在传统“养”的基础上探索儿童福利机构的“养”、“教”、“工”相结合，但是从根本上来说仍然缺少严格的教育和管理制度。民国以来，现代儿童福利机构教育和管理制度开始引入儿童福利机构的实践中。例如，熊希龄创办的香山慈幼院参照西方儿童福利及教育为创院蓝图，设有幼稚园、小学、中学、师范、中心职业学校等，是具有现代特征的儿童福利机构和职业教育机构。南京国民政府建立以后，一些儿童福利机构进一步将西方现代儿童福利的观念引入工作中。例如，1942 年 10 月国民党五届十中全会提出的有关儿童福利工作的推行办法包括：儿童福利设施不仅应注意特殊儿童，还应注意一般儿童；应以乡镇为单位设儿童福利所，内设儿童乐园、儿童保健室，以利于儿童身心的全面发育。这实际上已经将儿童福利概念从特殊儿童福利转向了一般儿童福利。

第二，民国时期，中国战乱频仍、灾荒不断，中国儿童福利工作者结合当时特殊的国情，提出了“善种、善生、善养、善保、善教”等现代儿童福利理念，并通过开办教养院、儿童福利实验区等方式探索“五善”政策，在实践中予以贯彻和推广。例如，抗战时期，国民政府提出各地为救济难童开办的儿童教养院的教养目标包括培养“健全的体格、善良德性、国家民族意识，授予基本知识，训练生活技能”等。为了保证“五善”政策的实施，国民政府也颁布了一系列的相关法规。这些法规涉及灾难儿童的救济、婴幼儿的养育和保护、托儿所和保育机构的开办和管理等。

第三，民国时期还积极推动探索新的儿童福利模式，并致力于专业儿童福利人才的培养。国民政府为倡导及改进儿童社区福利服务事业，于 1943 年春在重庆北碚设立儿童福利实验区。北碚儿童福利实验区是我国以社区为单位，从健康卫生、教育、心理指导、康乐等方面促进儿童全面发展的开始。实验区所办儿童福利事业与此前所办之儿童收容教养不同，已经由一般的关注失依儿童发展到重视全体儿童，其广义儿童福利的意义更加明显。此外，国民政府十分重视培养具有新型观念的专业儿童福利工作人才。当时培养训练儿童福利工作人才的方式包括：（1）在大学或专科学校内设儿童福利科目，培育高级行政及技术人员。由社会部酌予补助，承担此项任务的大学有中央大学、复旦大学、华西大学、华西边疆研究所、燕京大学、金陵大学、金陵女子文理学院等高校。（2）举办短期训练。在中央训练团内由社会部设班训练高级干部，由各地方政府设班训练中层干部，训练科目包括儿童教育、儿童心理、儿童卫生、儿童保育、儿童医药常识、儿童个案工作、儿童集团工作以及家政学等。

二、民国时期儿童福利制度的局限性

第一，民国时期的儿童福利事业仍然处于一个很低的水平。民国时期中国社会的现实情况是战乱频繁、灾害连年、民生凋敝、饿殍遍地。美国记者埃德加·斯诺 1928 年一到上海，就看到“无数乞丐及其衣不蔽体、蓬头垢面的孩子们哀声乞讨”[1]。社会福利办得好的大城市尚且如此，何况社会经济落后的广大农村地区。由于当时国家经济发展水平较低，加上外族入侵、内战此起彼伏，政府对社会福利机构的支持往往难以落到实处，儿童福利机构经常由于经费得不到保障而难以为继。因此，能够保证机构内儿童

[1] 洛易斯·惠勒·斯诺：《斯诺眼中的中国》，中国学术出版社 1982 年版，第 19—20 页。

的生存就已实属不易。

第二，由于受到传统观念的影响，儿童在中国传统社会一般被视为父母的私有财产，家族主义高于一切，儿童的权利和地位得不到社会的承认。当家庭无力教养儿童时，社会(政府)也往往不会施以援手，这就导致儿童问题日趋严重。近代以来，受到西方社会福利思想的影响，儿童的福利权利开始得到重视。特别是1940年11月社会部成立后，在社会福利司下设儿童福利科(即第六科)，首次将儿童福利列入政府的行政系统，这标志着从制度建设上将儿童福利纳入政府的责任范围。但是，由于当时正值抗日战争，所谓儿童福利也仅仅限于难童的救济工作，儿童的生存权、养育权和教育权难以得到有效的保障。此外，所谓先进的儿童福利理念往往是由那些社会精英引入并实践的，普通家庭和社会阶层很难接受，因此也难以推动社会氛围和社会习俗的改变。

第三，民国时期，儿童福利在思想和理念上已经非常超前，具有了典型的现代儿童福利特征。1940年成立了社会部，使儿童福利有了专门的政府主管部门。1943年，国民政府还颁布了《社会救济法》，这意味着近代中国首次通过立法的形式引进西方社会的福利观念，是国家福利责任的重要体现。但是基于当时的现实国情考虑，这些形式上的改进，其宣示意义大于实质意义。

第四章

计划经济时期的中国儿童福利制度

第一节 | 计划经济时期的福利思想及对儿童福利的影响

在计划经济时期，尽管已经建立了社会主义新中国，但是家庭仍然是儿童保护的主体。对于那些贫困家庭中的儿童和失去家庭保护的儿童，传统社会中家族和宗族救助占有重要地位，可以说是家庭之外最重要的社会保护机制。但是新中国成立以后，社会意识发生了根本变革，以马克思主义为主导的新的意识形态占据主导地位。主流意识形态对传统儒家文化持批判态度，否认族权和弱化宗族关系，认为这些都是“封建糟粕”而加以否定。同时，由于意识形态的原因，西方儿童福利思想和传统民间慈善思想在计划经济时期对我国儿童福利事业的影响极其有限，取而代之的是社会主义福利意识和单位福利思想。

一、社会主义福利意识及对儿童福利的影响

1949 年新中国成立后，中国建立了社会主义制度。社会主义社会不同于以往任何一个时代，其重要特征是消灭了旧社会各阶层之间存在的剥削关系、社会产品的不公平分配以及种种不平等。

在儿童福利思想上，占主导地位的是建立在历史唯物主义基础之上的马克思主义儿童观和教育观，这其中最重要的是关于人的生产的理论。马克思主义关于人的生产的认识对当时中国社会的儿童观、教育观具有强烈的影响。儿童是未来社会物质生产的主要力量，教育对于物质生产具有特别重要的意义。社会主义就是要造就千百万全面发展的新一代建设者。这种观点实际上不仅是社会宣传的主体认识，也是社会民众育儿行为的指导思想。建立在马克思主义基础之上的儿童观作为一种社会性的认识，不仅影响着政府的儿童福利政策，而且影响着社会大众对儿童福利的期望与评价，影响着社会的福利行为。一代高素质的新人将是未来世纪世界竞争的决定因素，而造就培养接班人则是新世纪世界竞争战略的基础部分。在中国，无论是从党和政府的角度，还是从民族利益的角度，儿童都被视为预备队、接班人。政府围绕一代新人的健康成长、信念树立、全面发展制定了一系列政策，采取了一系列措施，对儿童的关注，也是社会所有成员的共同的社会认识。[1]这种关于儿童是革命事业和祖国未来接班人的观念起源于革命战争年代，在计划经济时期被全面贯彻，甚至一直到改革开放后的今天仍然占有一定地位。

在儿童福利制度的设计上，新制度的建立意味着人民在享有社会权利方面不同于以往任何剥削社会。在社会主义中国，社会福利体现了人人平等和真正的人道主义精神，人民是国家的主人，他们有工作、居住、赡养老人、扶危助残、照料病人的权利，这些已被写入宪法和有关的法律。[2]在儿童福利方面，中华人民共和

[1] 陆士桢：《简论中国儿童福利》，《华中师范大学学报（哲学社会科学版）》，1997年第6期。

[2] 黄黎若莲：《中国社会主义的社会福利——民政福利工作研究》，中国社会科学出版社1995年版，第223页。

国成立以后通过了一系列相关法律，如 1949 年颁布的《中央人民政治协商会议共同纲领》、1954 年颁布的《中华人民共和国宪法》等都有保护儿童的内容。在特殊儿童保护方面，1957 年 4 月教育部发布了《办好盲童学校、聋哑学校的几点指示》，对盲童学校和聋哑学校的基本任务、工作方针等都作了具体规定。更重要的是，在社会主义制度下儿童福利体现的是权利精神，是社会主义制度优越性的表现，这一点与旧社会是有区别的。在旧社会，资本家和封建地主的儿童救助往往被看作他们为麻痹人民群众、诱使群众顺从的小恩小惠。而西方传教士在中国举办的儿童福利事业是伪善的，并且被认为是伤害了中国人民的感情。因此，新中国成立前的西方传教士在中国办的儿童福利机构被当作帝国主义侵略中国的工具而加以禁止或驱逐出中国。民间组织办的儿童福利被视为“伪善”，大都被整顿、重组成为社会主义国家的儿童福利机构。社会主义社会福利意识成为儿童福利领域占统治地位的主流意识形态。

二、单位福利意识及对儿童保护的影响

与社会主义政治经济体制相适应，社会主义的社会福利也特别强调对人民的集体保障。计划经济时期十分强调集体的地位，在个人与集体的关系上，把集体的价值推到至高无上的地位，个人价值则遭到否定，更不可能允许个人主义存在。“在改革之前的 30 年，集体主义不断被提升，集体范围不断扩大，达到国家的境界，国家成为本体，个人服从国家，‘小集体’也要服从国家这个‘大集体’。于是，个人与集体的关系被改变为个人与国家的关系，形成了个人与国家之间的直接的权利与义务关系，个人应当为国家

做贡献，同时，国家也应当关心群众的利益。”[1] 在社会福利制度安排上表现为国家—集体保障模式。在城镇，有劳动能力的人绝大部分通过就业自动获得政府和单位保障。儿童依附于成年人的所在单位，同样在其父母所在单位内部得到救助保护。例如，儿童通过父母所在的单位获得了教育、医疗、住房以及娱乐活动等方面的资源。同时，城市各单位的职工往往居住在一起形成单位社区，这种单位社区成为计划经济时期儿童成长的社会环境。在农村，有劳动能力的人通过参加集体劳动得到保障，而孤寡老人和孤儿（“三无人员”: 无劳动能力、无工作单位、无法定赡养人）主要可以通过“五保”供养制度，由集体经济供养。因此，不管是对孤儿还是普通儿童而言，农村集体成为计划经济时期农村儿童福利的供给主体。

在计划经济时代，人们对工作单位具有很强的认同感和归属感。在单位中人们可以比较容易地观察到，单位和家一样也是一个功能多元化的事业组织和社群。在这种情况下，单位领导就成为职工的家长。而职工也自觉或不自觉地“以厂为家”、“以单位为家”。人们的社会身份和社会地位是由单位决定的，人们的福利待遇的差异也主要是由单位的性质决定的。在那个时期，工作是由政府分配，个人一旦得到工作，就等于捧上了“铁饭碗”。这种终身雇佣的劳动关系进一步强化了人们的单位归属意识。单位意识又同福利制度结合起来，形成了人们对单位福利的强烈认同。单位职工福利主要包括职工食堂、职工医院、职工浴室、职工宿舍、理发室、幼儿园、托儿所、中小学等。公共文化福利包括俱乐部、阅览室、影剧院和体育场所等。从儿童的角度来看，单位办的托儿所、幼儿园、中小学等是儿童福利最直接的表现。借助单位办的托儿所、幼儿园和中小学，大部分孩子都有在单位度过童年的

[1] 孙秉耀、常宗虎:《中国社会福利概论》，中国社会出版社 2002 年版，第 22 页。

最初阶段，单位福利的质量好坏直接关系到儿童的成长和发展。单位与家庭具有同构性特征。由于单位的终身雇佣制，单位实际上成了职工家庭的延伸，职工身处困境时单位有直接责任予以帮助。而职工自己在碰到困难时也希望单位能够给予解决，这样就形成了中国人长期以来“有困难找领导（找单位）”的心理依赖。单位也有特定机制来解决困难职工的生活问题。例如，各单位针对困难职工通常有困难职工补贴、住院慰问补贴、丧事慰问补贴等。此外，各单位的工会是解决困难职工生活问题的一个重要常设机构。一般情况下，工会会在逢年过节时开展针对困难职工的“送温暖活动”，或为困难职工提供其他帮助。生活在困难职工家庭中的儿童同样也会因为单位救助而得到保护。另外，计划经济时代的劳动保险制度也是以单位为依托的，范围包括对疾病、残疾、生育、医疗以及对病故工人家属所提供的各种抚恤和赡养待遇等，劳动保险中的很多项目也将儿童作为重要的受益者之一，为儿童提供救助保护。

从儿童福利的角度来看，单位职工福利最重要的是各单位自办的幼儿园、中小学。以幼儿教育为例，我国在单位福利制度下一开始就将幼儿教育事业定位为福利，目的是解决妇女的后顾之忧。这从当时关于单位办幼儿园、托儿所的一些官方文件可以看出来。例如，1953 年中央人民政府政务院发布《中华人民共和国劳动保险条例》第十七条规定，各企业工会基层委员会得根据该企业的经济情况及工人与职员的需要，与企业行政方面或资方共同办理疗养所、业余疗养所、托儿所等集体劳动保险事业。该条例奠定了幼儿园、托儿所为职工提供劳动保障和社会福利的基本性质。1956 年教育部、卫生部和内务部发布的《关于托儿所幼儿园几个问题的联合通知》强化了幼儿园作为职工劳动保障和福利的分散投资体制。随着公私合营和计划经济程度的不断提高，有关在劳动保险基金项下支付的各项费用，根据1973年5月15日财政部财企字第41号文的规定，改在营业外支付，确定了幼儿园归属后勤服务开支的准则，强化了托儿所和幼儿园的单位福利属性。[1]因此，计划经济时期幼教事业的福利性质是非常明显的。

除此以外，计划经济时代下的单位还为职工子女发放各种补助、节假日补贴等。即使到改革开放后的今天，仍然有事业单位、国有企业沿袭计划经济时代的做法。例如，有学者研究某单位时发现，其职工子女福利包括：（1）子女入托管理费、学生学杂费：单位在编职工和长聘职工均按每人每学期凭票报销500元。（2）儿童医疗补助费：单职工每年补助200元；双职工每年补助400元（领证起到小孩满14周岁止）。（3）六一儿童节，凡在14周岁以下的儿童，每人发给200元活动费。（4）3周岁至6周岁儿童在外上幼儿园，由总务部门每天派车早晚接送两次。（5）在外上学的学生由单位大客车接送每天早中晚三次。该单位在职工子女福利条款中规定，单位职工可以凭票报销子女入托管理费、学杂费，享受儿童医疗补助费等，说明单位福利不仅要惠及本人，还要惠及家庭和子女，这个福利是全面性的福利。凡是进入单位的成员都是这个大家庭的一员，是终身性的，将受到单位的全面照顾，包括他的家庭和子女，单位领导有责任照顾单位内所有的成员和他们的子女。[2]这种福利形式还以单位文件的形式给予制度上的正式确立。因此这种福利带来的安全性不仅涉及单位成员本人，还要涉及单位成员的家庭和子女。

在农村，随着农业合作化的推行，特别是人民公社在全国建

[1] 曾晓东：《我国幼儿教育由单位福利到多元化供给的变迁》，《北京师范大学学报（社会科学版）》，2006年第2期。

[2] 史铁尔：《单位体制下的福利——以M单位为例》，《华东理工大学学报（社会科学版）》，2007年第3期。

立以后，公社成为集体保障的供给主体。农民在遇到气候恶劣、自然灾害以及各种原因造成的贫困时，可以得到集体的保护。一方面，公社可以对那些未能挣够“公分”的农户按人头分配口粮待遇，以保证基本生活之需，这体现的是救助性福利。另一方面，通过集体提留建立的“公益金”可用于文娱康乐、医疗、教育、儿童护理及对贫困户的帮助。公益金所办的是社会服务医疗和教育项目，体现的是公益性福利。由于大队和公社一级建有大量的小学和初级中学，使农村儿童得到更多受教育的机会。医疗保健方面更为引人注目。在医疗服务方面，设立了遍布各村的医疗站、赤脚医生以及集体医疗保险制度。这些办法被公认为发展中国家初级医疗保健的典范。因此，中国的婴儿死亡率、人均寿命和发病率的情况更像一个中等收入国家，而不像一个与中国收入一样的第三世界国家。[1] 计划经济时期的集体福利实际上覆盖了生活、教育和医疗等各个方面，农村集体成为个人的依靠和归属，单个的个人被整合成为集体人。由此可见，在计划经济时期，通过城市的单位和农村的集体福利实际上形成了一张无所不包的社会安全网，而这张安全网的最后负责人又是国家。这种国家—单位 / 集体保障模式，交织着让人民当家作主和平均主义的社会主义理念，同时也体现着国家包办一切的父爱主义思想，城市和农村的儿童也通过这两张“安全网”得到庇护。

第二节 | 计划经济时期的儿童福利政策及制度

新中国的儿童制度并不是国民党政府时期济贫制度的继承和

[1] 黄黎若莲：《中国社会主义的社会福利——民政福利工作研究》，中国社会科学出版社 1995 年版，第 268—269 页。

发展，而是重新建构的体系，指导思想、制度设计和福利实践基本上是另起炉灶。实际上中国共产党自成立起，就提出了自己的关于国家福利的主张。如1931年，中华苏维埃第一次全国代表大会通过的《土地法》规定：“老弱残废以及孤寡，自己不能劳动，而且没有家属可以依靠的人,应由苏维埃政府实行救济。”1948年，陕甘宁边区为救助6—12岁无依无靠的儿童，建立了难民教养院，并发动群众收容安置6岁以下孤儿难童。但是，这些措施没有超出中国传统国家对困境儿童的福利责任。计划经济时期，儿童福利制度的建立和发展也经历了三个阶段，包括：（1）新中国成立初期的大规模紧急救助时期。（2）与计划经济体制相适应的儿童福利制度框架的确立。（3）“大跃进”及“文化大革”命时期对儿童福利制度的破坏。

一、新中国成立初期的儿童救助

新中国成立之初，由于长期的战争破坏，城市里到处是灾民、难民、流浪失业者和其他需要救济的人。面对如此严重的问题，大规模的社会救济工作成为稳定社会、巩固新生人民民主政权的重要工作。为此，1951年5月，内务部在北京召开了全国城市救济福利工作会议。会议提出：“在必要和可能的条件下，适当地举办和改进有利于人民的社会福利事业。”为了尽快医治战争的创伤，促进国民经济恢复，民政部门一方面在全国大中城市创办了一大批救济福利事业单位（包括一部分生产教养院），另一方面着手接受、调整和改造国民党办的救济院、慈善堂，地方民间自办的慈善堂、寡妇堂、教养院，以及外国人在华兴办慈善机构。据统计，截至1953年底，全国共有城市社会救济福利事业单位920个，先后收容孤老、孤儿、精神病人及其他人员37.4万多人。[1]值得注意的是，在新中国成立初期的社会救济工作中，国家并没有建立单独的儿童福利制度，对儿童的救助是和其他福利收养工作归并在一起开展的。新中国成立初期，除了地方所办的孤儿院之外，还有大量的孤儿院是由个人、教堂或慈善组织所兴办的。1949年新中国成立之后，非政府组织和民间慈善组织被取缔，他们所兴办的孤儿院一部分被关闭，另一部分国民党政府时期兴办的儿童福利机构被新中国政府接管并改组为国家儿童福利院。例如，为救助抗日战争时期的难童，宋美龄等人在重庆先后创办了13所儿童收养机构，包括“保育院”、“救济院”、“儿散院”等。1950年3月16日，重庆市人民政府将原国民党政府和教会办的六个儿童慈善机构合并为重庆市儿童福利院。

经过新中国成立初期的社会救济活动，各地基本上肃清了旧体制在城市社会福利事业的残余影响，奠定了新中国社会福利事业的基础，推动了城市社会经济的恢复和发展。但是，新中国成立之初的社会救济活动只是针对当时特殊国情采取的临时性措施。在社会主义改造初期，城市社会救济和福利事业暴露出很多问题。例如，社会救济对象和改造对象未加区分，特别是一些生产教养院存在收容范围混乱、收养人员成分复杂等问题。在这种情况下，1953年10月21日到11月13日，第二次全国民政工作会议召开。会议决议指出：“关于城市救济工作，对无依无靠、无法维持生活的孤老残幼和贫民及游民等，应根据必要和可能按其有无劳动能力分别予以教养、救济或劳动改造，对一切有劳动能力的人，应设法使其在城市或去农村参加劳动。生产教养院应收入教养无依无靠、无法维持生活的孤老残幼，不应不分对象乱收……

[1] 白益华、吴忠泽：《社会福利》，中国社会出版社1996年版，第125页。

对收容的学龄儿童应采取半工半读的办法，施以初等文化教育和可能的技术教育，培养其自谋生路的能力。”会议结束后，各地根据会议决议精神对生产教育事业进行了一系列整顿，对生产教养院等救济福利机构进行调整合并，通过遣送安置、帮助就业、办理领养和其他方式对应处理人员大部分进行了处理。同时，各地根据规定的收入范围，对孤老、孤儿进行收容，基本克服了乱收、错收现象。据 1956 年的统计，全国生产教养院 176 所，收养人员 84 000 多人，其中婴幼儿 2 万多人。

在农村，尽管新中国成立初期农民分到了房屋和土地，许多孤寡残疾人员的生活也得到了改善，但是部分农民由于家底薄或丧失劳动力，加上自然灾害，仍然处于极度贫困中。尤其是 1949 年中国农村又遭受了严重的自然灾害，全国受灾人口达 4 500 多万，其中缺粮少吃的达 800 多万人。为了帮助贫困农民渡过难关，各级政府采取种种措施全面救济贫困农民。新中国成立初的三年（1949—1951 年）中，国家下拨救济款达 10 亿多元，仅 1950 年全国就发救济寒衣 688 万套。[1] 同时，党中央还号召和组织群众开展互助互济和生产自救。尽管这些在农村开展的社会救济措施并不是专门针对儿童，但是儿童作为农村社会最脆弱的群体，会在这些社会救济过程中得到优先保护。

二、与计划经济相适应的儿童福利制度的确立

20 世纪 50 年代中后期，随着城市和农村的社会主义改造的完成，以公有制为标志的社会主义计划经济体制建立起来。同时，与社会主义计划经济相配套的社会福利制度也逐步确立。

[1] 时正新：《中国社会救助体系研究》，中国社会科学出版社 2002 年版，第 40 页。

从儿童福利事业的角度来看，城市地区针对儿童的机构主要包括儿童福利院和工读学校。

（一）城市儿童福利制度

1. 儿童福利院制度。

解放初期，新中国的儿童福利院大都是从国民党时期的“育婴堂”以及外国人在华兴办的孤儿院等慈善机构接管而来的。并且，由于在当时整个社会进行大规模的社会救济，一些儿童与收容的孤寡老人、残疾人混在一起，并没有与其他被救助群体严格区分。1953 年第二次民政会议召开后，针对儿童救助的混乱状况，全国各地的儿童福利机构开始整顿。在这一时期，孤儿、流浪儿童、顽劣儿童的收容开始与孤寡老人、残疾人等分开，单设单办儿童教养院。儿童教养院已经含有儿童福利院的性质，但这一时期的儿童福利机构主要还是收容改造顽劣儿童和流浪儿童，并没有主动大批收养孤儿。到 20 世纪 50 年代末期，儿童福利机构的管理开始走向定型化。1958 年，我国对社会福利机构进行了调整，儿童福利服务机构统称为儿童福利院，专门收容“无依无靠、无家可归、无生活来源”的“三无”孤儿、弃婴和残疾儿童。同时，把福利机构中的顽劣儿童、有劣迹的社会流浪儿童另行收入工读学校进行改造教育。从此儿童福利机构基本定型，并确立了“教养结合”的办院方针。50 年代末期到 60 年代中期，由于受到“大跃进”和三年困难时期影响，社会上孤儿、弃婴和流浪儿童数量急剧增多。在这种情况下，当时的儿童福利机构已不能满足需要，国家开始扩建和新建大批儿童福利院，尤其是大力发展县镇儿童福利事业，使得收养人数不断增加。增加的主要是因灾害流入城市的儿童，其中大多数新建儿童福利院由县、镇政府建立。1963 年召开的全国民政厅局长会议，针对当时社会上孤儿、流浪儿童较多的情况，规定“省、专区和大中城市民政部门应该办好儿童教养院，作为收容教育流浪儿童的场所”。据统计，1958 年全国城市地区有婴幼儿童福利院 57 个，收养婴幼儿童 12 128 人。到 1964 年底，全国城市地区婴幼儿童福利院猛增到 572 个，收养儿童 44 788 人。这一时期对儿童福利机构的整顿和扩建，提高了儿童福利机构的管理水平，使幼儿和儿童健康成长，先后有 10 万多名儿童长大成人，走上国家建设岗位，4 万多名婴儿被领养，重新得到家庭的温暖。[1] 儿童福利院制度的建立有力保障了孤残儿童的基本生存，也为新中国儿童福利机构的发展奠定了基础。

2. 工读学校。

从严格意义上来说，我国工读学校并不能算作儿童福利机构。但是，工读学校又与一般的青少年教育机构有所区别，因为工读学校带有一定的福利机构特征，这可以从三个方面来理解：（1）从起源来看，工读学校制度的建立是与解放初期的社会救济工作紧密相连。当时，政府在社会救济工作中发现很多儿童有违法行为，混养在福利机构有所不妥。并且，当时社会中青少年犯罪现象非常普遍。例如，1954 年，北京市青少年犯案占全部刑事案的 18%，为解放后五年中的最高峰。1955 年初，当时的北京市第一书记兼市长彭真与公安部部长罗瑞卿、北京市公安局局长冯基平开会研究北京市青少年违法犯罪问题，提出了在北京市开办一所教育挽救违法和轻微犯罪青少年的特殊学校。1955 年，中国第一所工读学校——北京海淀工读学校于 7 月 1 日正式开学，首批招收学生 51 人。[2]（2）从学生来源来看，当时北京市的工读学校主要招收普通中学开除的学生。但是我国其他地区更多的是由

[1] 白益华、吴忠泽：《社会福利》，中国社会出版社 1996 年版，第 127—128 页。

[2] 鞠青主编：《中国工读教育研究报告》，中国人民公安大学出版社 2007 年版，第 2—3 页。

公安部门将有违法犯罪行为的未成年学生，或者将社会上流浪的未成年人送入工读学校。另外，部分原有儿童福利机构中的顽劣儿童、有违法行为的劣迹儿童也被从福利机构中分离出来，送到工读学校。因此，从这一点来看，工读学校可以说是儿童福利机构的延伸。（3）从办学的目标来看，工读学校一开始就定位为特殊学校，重点是对违法青少年进行行为矫正。一位在工读学校工作了40年的教师说："在我国，对生理上有残疾的青少年教育是通过办一些聋哑学校、弱智学校加以解决的，我们称之为特殊教育。那么，对于心灵上、行为上有问题的青少年的教育，就是通过办工读学校的办法来解决的，我们称之为工读教育，这也是特殊教育的另一种类型。"[1] 由此可见，工读学校又在一定程度上具有特殊学校的性质。北京市建立第一所工读学校后，20世纪60年代，上海市建立了六所工读学校。重庆、辽宁、江苏和四川等地区的工读学校也同期建立。到1965年以前，我国已有工读学校二十余所，这其中有的是公安部门主办，有的是教育部和公安部门联合办，也有的是由民政部门主办的。

（二）农村地区儿童福利制度

计划经济时期，我国农村地区的儿童福利制度主要包括两项：一是农村"五保"救助制度，二是在部分农村地区针对孤儿和弃婴开展的家庭寄养工作。

1. 农村的"五保制度"。

计划经济时期的儿童福利院解决的是城市孤残儿童的救助问题，而农村地区的孤儿养育则主要是通过农村"五保"供养制度来实现。新中国成立初期，我国并没有专门针对农村孤儿的救助福利制度。随着农村合作化运动兴起，农村老弱孤残保障开始依

[1] 周长根：《工读耕耘四十载》，《青少年犯罪问题》，1999年第2期。

靠集体经济。1956 年 6 月，第一届全国人大第三次会议通过的《高级农业生产合作社示范章程》规定：“农业生产合作社，对于缺乏劳动能力或者完全丧失劳动，生活没有依靠的老、弱、孤、寡、残疾的社员，在生产上和生活上给予适当的安排和照顾，保证他们的吃、穿和柴火供应，保障年幼的受到教育和年老的死后安葬，使他们生养死葬都有依靠。”这就是农村“五保”供养制度。“五保”一般说是“保吃、保穿、保烧、保教和保葬”，享受这种照顾的家庭和人员被人们习惯称为“五保户”或“五保对象”。从五保供养具体的福利供给来看主要包括：供给粮油、副食品等食品；保障柴火等生活燃料；提供服装、被褥等生活用品；提供基本的居住条件；提供疾病治疗，并对生活不能自理者安排人员予以照料；办理丧葬事宜；对于未成年人供养对象，保障他们接受教育等。

五保制度是中国农村探索出来的一种有鲜明特色的社会保障制度，是中华民族互助互济美德在农村的具体反映。五保制度的基础是集体经济，农业合作化以后，生产大队或生产队成为安排五保对象生活的基本单位，负责照顾五保对象的生活。五保对象所需的款物是按五保内容规定的吃、穿、烧、教等标准计算出的所需款物数，从公益金中直接分给五保户现款和实物。因此，五保供养制度提供的是一种集体福利服务，采取的是典型的社会救助方式。五保制度由村集体共同负责提供救助的经费，实际上是村集体中农民间的互助，只不过是将个人自愿性转变为一种国家监督或强制下的集体供给。值得注意的是，作为一种综合性福利制度安排的“五保”制度其实并非专门针对儿童。相反，由于农村失去双亲的未成年人，即无监护人（抚养人）的孤儿，占五保对象中的比例较小，因此，在我国传统农村五保工作实践中，人们更加熟悉的“五保户”是所谓“五保老人”。但是，农村“五保”

供养制度是当时农村孤儿救助的基本制度性安排，为孤儿解决基本生存问题起到了提供最低生活保障的作用。

2. 家庭寄养和收养。

早在新中国成立初期，一些地区为了安置孤儿、弃婴，就采取了家庭寄养的方式。例如，当时闻名全国的山西省大同市的“乳娘村”被称为具有黄土高坡特色的家庭寄养模式。新中国成立后，山西大同与全国其他地方一样建立了生产教养院，旨在为城市无家可归者、吸毒者、妓女和乞丐提供临时住所和贫困救助，同时为老人、残疾人以及无家可归、无人照顾的孤残儿童提供少量的养护服务。同时建立的还有孤儿院，孤儿院附属于当时的生产教养院。但是，孤儿院建立之初只有一名院长和一名护理人员，他们的主要职责不是为儿童提供养护服务，而是为他们安排寄养或收养家庭。1949 年，政府给孤儿院的经费是每月 1 000—1 500 千克小米。此后，被收容的孤儿和被遗弃的儿童的数量持续增加。从 1950 年到 1953 年之间，每年收容的儿童在 200 多名以上。新建的孤儿院没有能力对所有需要救助的儿童提供替代性养护。为了缓解压力，孤儿院不得不为这些孩子寻找收养或寄养家庭，以避免经济上入不敷出。

福利院把孤残儿童托付给居住在大同市附近的村庄有能力哺乳孩子的妇女进行照顾。这些妇女可以得到一点点钱作为“奶资”。后来，由于有几个村庄的乳娘很多，这些村庄就被称为“乳娘村”。乳娘把这些儿童当成自己的亲生孩子一样哺育。同样，当这些孩子长大以后，人们期望他们把乳娘当成自己的亲生母亲一样尊敬。从 1949 年 5 月孤儿院建立到 1949 年底，有 23 名儿童被收养。从 1950 年到 1954 年，大约有 400—500 名儿童被国内家庭收养。到 1953 年，内务部要求全国所有的福利院重新审查受救助者的情况，减少在院人数，节约国家开支。为了贯彻这项政策，1954 年，大同市社会福利院采取了三项措施：（1）对有父母的儿童，劝说父母领回孩子。对于经济困难、无力抚养孩子的父母，福利院给予短期的困难救助；（2）为没有父母的孩子找到收养家庭；（3）对没有父母，也无法找到收养家庭的孩子，安排到寄养家庭养护。[1] 在此后的 50 多年时间内，收养和寄养成为大同市社会福利院安置儿童的两种主要形式。

山西大同是全国最早开展家庭寄养的地区，也是家庭寄养开展得最好的地区之一。但是，全国其他地方的家庭寄养与大同的有所不同。随着社会主义福利事业的发展，各地的社会福利机构纷纷新建、改建和扩建，收养规模不断扩大，收养人群中残疾儿童的比例逐年增加。同时，由于城市、农村掀起了社会主义建设高潮，闲散劳动力越来越少。在这些背景下，单纯的家庭式的养育已无法满足儿童的需要，家庭寄养逐步被机构照顾取代。

三、"文化大革命"时期对儿童福利制度的破坏

1966 年开始的历时十年的"文化大革命"，对我国的儿童福利事业形成了巨大的冲击。由于负责儿童福利事业的内务部和地方民政部门被撤销，许多福利事业单位被强行合并和撤销，众多的儿童福利机构也被迫关闭。到 1978 年底，全国儿童福利院只剩下 49 个，收养婴幼、残疾儿童 3 665 人。[2] 与"文化大革命"前相比较，无论是儿童福利机构数量还是收养人数，都大大地减少了。

---

[1] 尚晓援、伍晓明、万婷婷：《从传统到现代：从大同经验看中国孤残儿童福利的制度选择》，《青年研究》，2004 年第 7 期。

[2] 孙炳耀：《中国社会福利概论》，中国社会出版社 2002 年版，第 47 页。

不少残疾儿童和无人照料的儿童重新流落街头。

在农村地区，“文化大革命”也使得一些地方的“五保”工作处于无人过问的状态，有的甚至放弃了“五保”工作。少数基层干部对“五保”工作漠不关心，对“五保户”的生活困难熟视无睹。尽管当时有集体的“大锅饭”做后盾，但有些“五保对象”仍过着吃“瓜菜代”、住破烂房、穿烂衣衫的生活。这些问题在社会上产生了很坏的影响，给“五保”制度的发展造成了较大的损失。由于儿童是“五保”供养制度的重要受益者，对“五保”制度的破坏也严重影响到那些受“五保”供养的儿童的基本生活保障。

第三节 | 计划经济时期的儿童福利制度特征

1949 年新中国成立以来，整个中国社会发生了翻天覆地的变化。在计划经济体制和单位制度的背景下，尤其是 20 世纪 50 年代后期人民公社运动中，家庭结构与功能发生了改变，这对于儿童福利有重要影响。总体看来，计划经济时期儿童福利制度具有以下几个重要特点。

一、儿童福利制度的城乡分割

由于城乡分割的计划经济体制的原因，其他社会制度安排也明显表现为一个城乡“二元”结构。这不仅表现为城乡居民之间的婚姻关系、家庭生活和经济生产被“严格限定”在两个相互隔离的世界，社会福利制度也是如此。作为社会福利制度的一个组成部分，中国孤残儿童的养护制度也反映了城乡二重性特征。在城市地区，国家对不同身份的儿童负有不同的福利责任。由于绝大部分人都属于不同的工作单位，儿童由于其所在家庭的原因从父母的工作单位得到保障。真正需要进入儿童福利机构的只是那些失去家庭保护的孤儿，并且国家全额拨款的儿童福利机构一般只收养城市地区的儿童。在农村地区，每个人都被整合到集体经济中，通过共同劳动的方式换取分配的权利，因而能够得到集体庇护。那些失去家庭的儿童，可以得到“五保”供养制度的保护。同时，家庭和亲友网络在保护孤儿方面也发挥着举足轻重的作用。这种城乡二元分割的儿童福利制度实际上也是集体救助保护的体现。也就是说，在城市地区儿童救助保护的主体是其父母所在的单位集体，而在农村地区儿童救助保护的提供者是村集体。不管是单位集体还是村集体，最终都依靠国家做保障。

二、儿童福利机构的完全政府行为

1949 年新中国成立时，原有西方传教士办的儿童福利机构以及国民党政府时期官办的儿童福利机构要么被取缔，要么被改造和整合到新中国的官办福利机构当中去。在计划经济时代，儿童福利是社会主义优越性的重要表现。并且，儿童福利机构对儿童的照顾很大程度上体现的是党和政府对孤残儿童的关爱，政治色彩多于福利意义。例如，有学者对大同市的家庭寄养制度研究发现，福利院严格地按照主导的意识形态运作：被保护的儿童是“党孩子”，寄养母亲的工作体现了党和国家对孤残儿童的关怀。寄养母亲的角色之一便是党和国家的代表，因为需要救助的不是普通的儿童，寄养母亲的行为和照料的质量代表了国家对孤残儿童的关爱。每个被孤儿院收养的孩子都姓“党”，他（她）们的名字就是一个编号。女孩的名字中间可能有个“英”字，作为女性的标志。这种做法一直延续到 1993 年。[1] 在这种福利意识形态下，非政府组织和宗教组织在孤残儿童的养护方面的作用受到严格限制。并且，新的儿童福利机构都是由政府全额拨款和派人经营管理。儿童福利机构完全由政府负责，所需要的一切都由政府提供，其维持或发展也全靠政府拨款，孤儿的状况与政府政绩联系在一起。在有些场合，儿童福利机构还变成了一种政治符号，一旦有什么差错，很容易被认为是“给社会主义抹黑”。在这种情况下，其他社会力量的捐助往往明里暗里地被禁止。在这种情况下，儿童福利机构是完全政府行为，非政府组织和宗教组织的作用受到严格限制。

三、儿童福利机构的救济性特征

计划经济时期的儿童福利机构的发展经历了一个从不定型到定型的过程。新中国成立初期的儿童福利机构大都是接管国民党时期的“育婴堂”等慈善机构，收养的是旧社会遗留下来的孤儿、弃婴和流浪儿童，并且和其他救助人员混在一起，并未形成单独的儿童福利院。1954—1958 年，孤儿、流浪儿童、顽劣儿童收容开始与孤寡老人、残疾人分开，单设单办，单独成为儿童教养院，已含有儿童福利院性质。1958 年以后，儿童福利院单独设立，专门收养孤儿、弃婴、残疾儿童，把顽劣儿童、有劣迹的社会流浪儿童另行收入工读学校改造教育。至此，儿童福利院开始定型。[2]

---

[1] 尚晓援、伍晓明、万婷婷：《从传统到现代：从大同经验看中国孤残儿童福利的制度选择》，《青年研究》，2004 年第 7 期。

[2] 尚晓媛：《中国弱势儿童群体保护制度》，社会科学文献出版社 2008 年版，第 48 页。

在计划经济时期，儿童福利在认识上一直处于低水平的社会救济阶段。新中国成立相当长一段时间，由于经济和社会发展水平的制约，社会福利处于补缺性阶段，具有明显的救济特点。那个时期的儿童福利机构是救济和收容性的，满足的是孤残儿童最基本的生活需要。

此后，儿童福利机构孤残儿童养护的目标体系在实践中进一步明确。1963 年 3 月 21 日，内务部、教育部联合发出的《关于加强儿童福利单位教育工作的联合通知》指出："各地民政部门领导的儿童福利单位是救济性质的，儿童福利事业是儿童教育事业的一部分。"因此，当时儿童福利机构的养护目标实际上已经涵盖了"养"、"教"、"治"三个方面，并已经得到了民政部门的肯定。但是，受到当时经济条件的制约，更多的儿童福利机构照顾往往是重养轻教。并且，教也是更侧重政治思想的教育，文化知识教育受到忽视。在一些未设立儿童福利院的地区，地方政府还开展了孤儿和弃婴的家庭寄养工作。但是，当时的家庭寄养更多是受经济条件所困，是迫不得已而为之，这与当代儿童保护实践中主张回归家庭的理念是有所区别的。另外，儿童福利机构采用封闭式的办院模式，机构照顾的经费完全依赖政府和集体经济拨款，由国家全面负责这些儿童的衣、食、住、医等基本需要。非政府组织和其他社会力量在孤残儿童养护方面的作用受到严格限制，在孤残儿童的救助方面基本上没有什么作为。封闭式办院在一定程度上使得儿童福利机构的救济性特征更加明显。

第五章

改革开放前期的中国儿童福利制度

改革开放后中国儿童福利制度的发展大体可以分为两个阶段：第一个阶段是20世纪80年代初期到90年代末期，即改革开放前20年。在这个阶段，计划经济向市场经济转轨，原有社会福利制度所依附的经济基础发生重大变化，儿童福利制度也遭到了前所未有的挑战。同时，在这一转轨过程中，由于国家和社会强调经济发展，社会福利制度的建设被定位为服务于经济政策，因此儿童福利制度的建设主要是一个被动适应的过程。在这一时期，儿童福利机构在养育方式、孤儿收养法制建设等方面得到了一定的发展，其他儿童福利方面的成就比较有限。第二个阶段是进入21世纪以后一直到现在。在这个阶段，由于市场经济而带来的种种社会问题逐渐暴露，原有的儿童福利制度已经无法适应新的社会发展形势的需要，发展儿童福利制度成为迫在眉睫的问题。在政府和社会的高度重视和关注下，这一阶段有大量儿童福利制度开始探索并建立，同时在儿童福利理念上也开始从传统的残补型转向适度普惠型，并形成了一个儿童福利制度发展的繁荣时期。

第一节 ｜ 改革开放后儿童福利制度受到的冲击及初步发展

市场经济改革使原有单位福利和集体保障的经济基础发生

重大变化，计划经济时期的儿童福利制度安排也受到冲击。为了适应市场经济改革的需要，儿童福利制度也在发生变化，这包括民办儿童福利机构开始出现，公办儿童福利机构的照料方式出现了新的变化，家庭寄养经过一段时间的争论后成为孤残儿童的重要安置方式，儿童收养的法律和政策得到进一步完善等。

一、市场经济改革对单位保障的冲击及其对儿童福利的影响

1949 年新中国成立以后，我国的政治制度、经济制度和社会制度发生了翻天覆地的变革。20 世纪 50 年代中后期，随着城市和农村的社会主义改造的完成，以公有制为标志的社会主义计划经济建立起来，与社会主义计划经济相配套的单位福利也逐步确立。在城市，绝大部分人都通过就业自动获得社会保障。有工作单位的人（包括子女），其生、老、病、死都靠单位解决。计划经济时代的单位保障制度存在数十年，对新中国的建立和发展有巨大贡献。但是改革开放后传统单位保障制度与市场经济体制显得格格不入。市场经济要求社会保障社会化、追求劳动力市场化和自由流动，但传统单位保障制度的特点是板块分离、自我封闭。例如机关干部与企业职工、国有企业职工与非国有企业职工、固定工与合同工、城镇职工和农村职工，就因社会保障待遇的巨大差别在客观上存在相互流动的森严壁垒，劳动者一般终身只能在一个企业或单位工作。[1] 市场经济的发展规律要求社会成员从“单位人”转变成为“社会人”。在这种情况下，单位福利和单位保障便难以为继。改革开放以后，在从计划经济逐步走向市场经济的

[1] 郑功成：《论中国特色的社会保障道路》，武汉大学出版社 1997 年版，第 96—97 页。

过程中，国家逐渐减少对国有企业的补贴并努力使其恢复成为自主经营的经济实体。这样，原有的国有企业也与非公有企业一样，必须在参与市场竞争中求得生存与发展的同时，也面临着破产的风险。国家有关国有企业破产、国有企业职工待业保险等方面的法规政策出台后，意味着寄托在单位组织身上的职工福利也面临无以为继的风险。一旦劳动者所在单位破产，其所享受的各种福利待遇也会随之丧失，单位的福利保障功能急剧下降甚至不复存在。特别是20世纪90年代中期以来，随着我国城市下岗工人大规模出现，大批工人家庭陷入贫困，并殃及这些贫困家庭的子女。根据全国总工会1989年在12个省市进行的一次调查，人均月生活费低于30元的特困职工占到职工总数的2%，大约为280万人，其家庭人口约有1 036万人，占1988年底城镇人口总数的5.16%。而1992年6—11月进行的全国总工会第三次工人阶级队伍状况调查表明，全国已有5%的职工家庭实际生活水平过低，陷入贫困状态。贫困家庭人口总数约为2 000万左右。[1]单位如果破产，单位福利自然也就无法继续，这就是所谓“皮之不存，毛将焉附”。但是，单位福利的衰弱却给社会福利的增长提供了机会。例如，由于国有企业不再办幼儿园，托幼服务的供给将转向由社会承担。再如，以前各单位贫困职工的家庭救助由各单位自己进行，单位福利社会化之后，困难职工及其子女的救助开始转向由政府相关机构（例如民政部门）承担。因此，市场经济改革对儿童福利同样也造成了严重冲击，但是这种冲击却推动了儿童福利社会化改革和发展。

[1] 洪大用：《改革以来中国城市扶贫工作的发展历程》，《社会学研究》，2003年第1期，第76页。

二、联产承包责任制对农村集体保障的冲击及其对儿童福利的影响

农村土地承包责任制的推行，构成了中国经济体制改革的第一波，它直接造成了原有的农村集体经济格局的崩溃，导致计划经济时代的集体福利面临挑战。在计划经济体制下，农村实行的是“一大二公”的人民公社体制，农村社会成员过着集体劳动、集体收益、集体分配的集体生活，福利只不过是集体分配中的一部分而已；而土地承包责任制条件下，农民事实上变成了个体劳动者，这意味着集体福利已经没有了原来的经济基础，从而必须寻找新的出路。由于共同劳动和共同分配的原因，在计划经济体制下，如果不是自然灾害等原因造成集体贫困的话，实际上很少有可能出现在集体内部让单个家庭陷入极度贫困的情况。但是，集体经济的解体意味着农民难以得到村集体的庇护，这使得农村出现单个贫困家庭及其未成年子女得不到救助成为可能。并且，在市场经济条件下很容易形成农村贫富两极分化的格局，进而造成农村单个家庭的贫困。如果农村贫困家庭得不到救助，就会使得生活在这些贫困家庭中的儿童陷入困境。在这种情况下，对农村贫困家庭及其未成年子女的救助就需要新的制度安排，这就为后来的农村最低生活保障制度的建立提供了理论和现实依据。

集体经济崩溃对儿童福利造成的另一个重大影响是“五保”供养制度保障功能弱化。在计划经济时代，农村孤儿很大一部分是依靠“五保”制度得到供养并接受教育的。20 世纪 70 年代末期农村改革以来，在集体经济受到冲击的情况下，“五保”制度的财政基础不再能得到保障，社会救助功能开始不断弱化。为了重新

规范农村“五保”制度，保障“五保对象”的基本生活，1994 年 1 月国务院颁布的《农村五保供养工作条例》规定：“新五保制度”的运行机制是“集体供养、群众帮助、国家救济”三结合。具体说，“五保”经费和实物从村提留和乡统筹费中列支，也可以从集体经营收入中列支。随着农村税费改革逐步推开，我国农村取消了村提留和乡统筹。因此，一些地方的“五保”供养政策、经费落实出现了一定困难。根据民政部救灾救济司提供的数据，截止到 2002 年底，全国农村“五保”供养对象有 570.37 万人，约占全国农业人口的 0.6%。其中，真正获得保障的只有 296.82 万人，约占应保对象的 52.04%。也就是有接近一半的“五保对象”没有获得保障。另外，已经得到“五保”的人，其保障标准也难以落实。按照《农村五保工作条例》第十条规定，“五保供养的实际标准，不应低于当地村民的一般生活水平”，但这种标准在一些地区难以兑现。有些地区的文件上规定每人每年 1 800 元的供养标准，但实际上能拿到几百元就不错了。[1]

为建立新型农村“五保”供养制度，2003 年国务院出台了《农村五保供养工作条例（修订草案）》，经国务院第 121 次常务会议审议通过后颁布实施。新修订的《条例》重点修改了有关农村“五保”供养资金渠道的规定，明确今后“五保”供养资金在地方人民政府预算中安排，中央财政对财政困难地区的农村五保供养给予补助。这一规定将农村最困难的群众纳入了公共财政的保障范围，实现了五保供养从农民集体内部的互助共济体制向国家财政供养为主的现代社会保障体制的历史性转变。但是，由于“五保”供养制度的重点是老年人，因此即使加强和完善“五保”制度也难以从根本上解决农村孤儿问题。在这种情况下，2006

[1] 洪大用：《转型时期中国社会救助》，辽宁教育出版社 2004 年版，第 260—261 页。

年上半年，民政部会同国家发展和改革委员会、财政部等 14 个部门联合印发《关于加强孤儿救助工作的意见》(以下简称《意见》)。这一文件是新中国成立以来对孤儿生活救助和服务保障的第一个综合性福利制度安排，奠定了我国农村孤儿救助的基础，也从根本上结束了过去农村孤儿救助依附于“五保”供养制度的历史。

第二节 | 儿童福利机构发展和养育理论争论

一、儿童福利机构在改革开放初期的发展

从改革开放初期到 20 世纪 90 年代末，是我国儿童福利机构适应改革开放进行初步改革的时期。改革开放以后，在继承计划经济时期儿童福利机构兴办经验的基础上，中国儿童福利事业有了一定的发展。

首先，收养对象和服务范围有所扩大。一些地方的儿童福利机构突破了原有的单纯收养“三无对象”的规定，一些事实上无人照料的流浪儿童也被纳入了儿童福利服务的范畴。在一些经济发达和儿童福利服务机构条件较好的地区，也有人提出儿童福利机构不仅要服务于孤儿，而且应该扩大到服务社区所有儿童。以上海为例，2000 年时上海共收住了 600 名孤残儿童，他们还不到同龄群体的 0.01%，而上海却有近 10 万人左右的残疾儿童和困境儿童没有得到有效的专业援助。儿童福利机构拥有丰富的设施资源、人力资源和经验，完全可以把服务向社区延伸，为社区内有

家照顾的儿童提供专业服务。[1]这种观点反映出一些条件好的地区确实具备服务社区的实力，但同时也体现当时社会福利社会化和市场化的内在冲动。

其次，儿童福利机构的收养人数不断增加。在这一阶段，市场经济改革引发了城市大规模的职工的下岗现象，并导致了大量下岗职工的家庭陷入贫困。同时，由于市场经济转轨对计划经济时期单位保障制度的破坏，使得原来的单位保障功能不断弱化，一些本来应该由单位救助的儿童被抛向了社会。另外，改革开放后从农村来到城市的流动人口不断增加，农村流动人口可能会将原本“二元结构”下属于农村的孤残儿童带到城市来。同时，由于贫困和人口流动等原因，从农村来到城市的流浪儿童也在不断增加。这些因素都导致了城市被遗弃的孤残儿童不断增加。在这种情况下，政府也加大了儿童福利机构建设的力度，这一时期儿童福利机构数量、收养人数和政府经费投入均有明显增加。从1979年到1992年，儿童福利院数量从52个增到67个，收养人数从3 977人增加到6 515人，人均经费支出从819元增加到4 123元。在此期间，儿童福利院增加了15个，收养人数增加了2 500多人，人均投入经费增加了3 000多元，总投入增长了近10倍。[2]到1999年年底，全国儿童福利院的数量进一步增至113个，收养儿童人数增加到了14 109人。[3]儿童福利院和收养儿童人数的增加既是对当时严重的儿童问题的应对，也一定程度上体现了政府对儿童福利事业的重视。

[1] 张凡：《转型阶段儿童福利事业的发展》，载窦玉沛主编：《重构中国社会保障体系的探索》，中国社会科学出版社2001年版，第317页。

[2] 王先进：《从机构照顾到家庭寄养看我国儿童福利服务政策的转变》，《长沙民政职业技术学院学报》，2007年第1期。

[3] 《2000年中国统计年鉴》电子版：http://www.stats.gov.cn/ndsj/zgnj/2000/U49c.htm。

第三，民办儿童福利机构有一定发展。在计划经济时代下，儿童福利机构具有较强的政治色彩，社会力量一般来说不允许兴办儿童福利机构。但是改革开放后，由于孤残儿童大量出现，官办儿童福利机构尽管也在扩张但还是难以满足日益增长的社会需求。在这种情况下，一些地方开始出现民办儿童福利机构。以河北省为例，从 1993 年至 1999 年 1 月，河北省先后出现由社会力量举办的儿童福利机构六家，收养代养儿童 168 名。由于中国在那个时期对民间组织的管理政策和制度尚未成熟，因此这些儿童机构在管理上出现了很多问题。河北省的这六家社会力量举办的儿童福利的机构主要问题有：（1）服务对象超过规定范围，在 168 名儿童中，只有 26 名经民政部门审查合乎收养条件。（2）均未能办理审批手续。（3）均未能转型为与民政部门共同举办。（4）由于民政部门在对社会福利机构管理中的责任和权利不对等，很难严格执法。[1] 这一时期，这种情况还不仅仅出现在河北省，在其他地方，类似的情况也比较普遍。例如，尚晓媛教授曾经将 20 世纪 80 年代到 20 世纪末成立的三家非政府儿童福利机构——河北省宁晋县边村的黎明之家（成立于 1988 年）、安徽省阜阳市颍上县的王家玉儿童福利院（成立于 1994 年）和北京的太阳村（成立于 2000 年）作为对象进行研究发现，它们分别代表了三种不同的注册类型：不注册、民政注册和工商注册，进而也反映了三种不同的非政府儿童救助组织的关系类型：不合法、合法和错位合法。[2] 尽管这些儿童福利机构可能存在种种问题，但他们的出现表

[1] 河北省民政厅、河北省社会科学院联合课题组：《从社会办儿童福利机构现状看完善其政策法规的紧迫性》，载窦玉沛主编：《重构中国社会保障体系的探索》，中国社会科学出版社 2001 年版，第 317 页。

[2] 尚晓媛：《公民社会组织与国家之间关系考察—— 来自三家非政府儿童救助组织的启示》，《青年研究》2007 年第 8 期。

明：在社会福利社会化的发展理念下，儿童福利机构已经由完全国家举办向国家办与社会办相结合的方向转变，初步形成了政府、企业、个人多方参与的开放型办院模式。

第四，儿童机构的院舍照顾的观念和照顾方式发生了很大变化。具体表现在从封闭型向开放型转变，从救济型向福利型转变，从单一的“以养为主”向“养、治、教与康复并重”转变。在目标设定上，这一阶段儿童福利机构已经从吃饱穿暖满足其物质上的需求，转向满足儿童的生理、心理、社会化成长特点的不同需求，并结合残疾儿童的生理特点，积极开展多种形式的康复和功能训练活动。在孤残儿童照料理念方面，不再强调其特殊性转而开始探索残疾人“正常化”，遵从儿童的身心发展规律，为他们融入社区、回归主流社会奠定基础。在照料方式上，机构内儿童过集体生活的观念开始改变，强调家庭导向是这一时期儿童福利理念的一个重大突破。儿童福利机构也已经不再是单纯的集体式照料，一些地方开始探索在福利院内将“大院变小院”的方式，在院内建立若干模拟家庭，让儿童能够得到更充分的家庭式关怀和教育，为他们回归社会奠定基础。传统的机构养育模式一直沿袭大集体机构化抚养的做法，这种模式最大的弊端是导致福利院的儿童很难得到像家庭一样的关注和照顾，儿童的潜能得不到充分发掘，儿童的生理、情感和社会融入等方面的需求难以得到满足。为了消除机构照顾模式对儿童造成的负面影响，20 世纪 90 年代初期一些地方的儿童福利院开始在院舍内探索新的养育模式。例如，1994 年安徽省民政厅同英国救助儿童会合作，在本省广德县儿童福利院开展试点，尝试推行小家庭单元照顾模式。该模式的基本做法是将福利院中原来在大集体机构方式下生活的儿童，按照不同性别、年龄、个性、爱好以及不同身体状况等因素分成不同的小组，每组 4—6 名儿童，然后给每组儿童都选配一位家庭妈妈或一对夫妇同他（她）们生活在一起，组成一个小家庭单元，负责照顾他（她）们，通过类似社区自然家庭的生活，体验家庭的经历，使儿童得到更好更高质量的照顾和教育，为其将来顺利融入主流社会，独立自主地生活铺平道路。在上述试点取得成功的基础上，1998 年英国救助儿童会和民政部合作，借鉴广德县儿童福利院小家庭照顾模式的经验，在黑龙江、湖北、江西和安徽等省的部分城市福利院进一步推广了家庭抚养儿童的模式。[1]

第五，儿童福利机构开始进行更多的国际交往。受到改革开放的影响，儿童福利机构有更多接触国际儿童福利组织和参与国际儿童福利相关活动的机会。从 20 世纪 80 年代开始，我国儿童院舍照顾理念实现了重大转变，开始接受家中无力照顾的残疾儿童入院，并结合残疾儿童的生理特点开展多种形式的康复和功能训练。与此同时，儿童福利机构还派出医生、护士、护理员到国外学习先进的康复和护理方法。1986 年起，我国加入了国际特殊奥林匹克组织，在儿童福利院内积极开展智残人体育活动。据 1998 年底统计，我国儿童福利院中，有 75% 的肢体残疾儿童参加了多种形式的康复活动；有 50% 的智力残疾儿童积极参与特殊奥林匹克运动，并组团到比利时、美国等地参加体育比赛，取得了较好的成绩。从 1985 年起，我国加入了国际 SOS 儿童村组织，由该组织资助，先后在我国天津、烟台等地建立了 9 所 SOS 儿童村，收养了我国境内 300 多名孤儿。[2]

---

[1] 汪庭馀：《浅谈福利院儿童照顾模式转变》，《社会福利》，2003 年第 2 期。

[2] 成海军：《中国当代的儿童福利》，《社会福利》，2004 年第 1 期。

二、家庭寄养的政策争论与实践

家庭寄养不仅能够节省国家资金，而且对孤残儿童的心理健康和社会化过程有重要意义。早在新中国成立初期，一些没有设立儿童社会福利机构的地区为了安置孤儿、弃婴，就采取了家庭寄养的方式。例如，当时闻名全国的山西省大同市的“乳娘村”被称为具有黄土高坡特色的家庭寄养模式。当时无人领养的儿童分散寄养在大同市周边村庄的乳娘家中，国家付给乳娘寄养生活费。大同地区当时的家庭寄养工作仅使用有限的国家拨款，就使孤残儿童的生活、教育、医疗得到了最大限度的保障。随着社会主义福利事业的发展，各地的社会福利机构纷纷新建、改建和扩建，收养规模不断扩大，单纯的家庭式养育已无法满足儿童的需要。同时，由于城市、农村掀起了社会主义建设高潮，闲散劳动力越来越少。在这些背景下，家庭寄养逐步被机构照顾取代。一直到20世纪80年代初期，民政部还针对地方福利院开展家庭寄养中出现的问题有过一个指示，要求各地把寄养在外的儿童收回福利院进行院舍式养护。

20世纪90年代以来，随着机构供养儿童的人数不断增加，儿童福利机构的负担越来越重，改革也在所难免。由于收养人数的增多，机构照顾的弊端进一步显露出来，这主要表现在三个方面：（1）从儿童发展角度看，机构内统一的服务和集体管理很难满足儿童个性化发展的需要。在院舍模式下，儿童得不到亲情享受，家庭观念淡漠，封闭的环境与社会隔绝，不利于儿童顺利完成其社会化。再加上院内工作人员的流动性强，很难保证同一位照顾者对儿童的持续性照顾。（2）儿童福利机构工作人员专业化水平低。机构工作人员的主要工作是照顾儿童的日常生活，即满足儿童衣、食、住等基本生存需求。这种模式使得福利院的儿童，尤其是那些有特殊需求的儿童（例如残疾儿童）很难得到专业照顾。许多服务人员是在社会上临时招聘的，诸如理疗师、心理治疗员和社会工作者等儿童福利专业工作人员很少，儿童的潜能得不到充分发掘和鼓励。（3）机构的增长和收养人数的增加导致政府财政负担过重。随着机构内儿童的增多，必须不断扩大儿童福利机构的基础设施建设和职工队伍，才能满足增长的需求，政府财政的压力因此会不断增大。

为了解决这些矛盾，让更多的孩子进入家庭，进而融入社会，自20世纪90年代初期以来，我国政府开始对儿童福利机构进行深入而持续的社会化改革，其中最重要的举措是开展家庭寄养。家庭寄养发展初期是由北京、安徽、上海、云南、山西等地的民政部门自主进行的一些政策试点。随着试点工作的稳步推进，这种新型安置方式的优势日益显现，并受到了民政部的肯定。与此同时，关于家庭寄养政策的争论更加频繁。例如，1995年英国救助儿童会与安徽省民政厅共同组织了一次研讨会，会上救助儿童会专家认为寄养对儿童更有利，因为接受寄养的儿童比在院舍中供养的儿童更快乐。而当地那位官员争辩说，集中供养对儿童更有利，因为他们更容易适应集体生活，长大以后更吃苦耐劳。1997年后，认为家庭寄养是抚养孤儿和弃儿的一种最佳方式的看法在北京和上海两地被接受了，而这两地的政策和实践在全国的影响更大。同时，儿童的快乐和健康发展是抚养服务最终的标准的观念也被接受了。[1] 与此同时，北京和上海也开展了较大规模的家庭寄养实践。例如，北京市儿童福利院开始实行“集中供养与分散代养相结合，分散代养为主”的收养模式，把620名残疾

[1] 尚晓媛：《中国弱势儿童群体保护制度》，社会科学文献出版社2008年版，第91页。

儿童寄养到143户农村家中。上海在家庭寄养方面也做出了一些积极的有益探索。从1997年起在全市范围内开始对孤残儿童寄养的尝试，将400名孤残儿童寄养在院外，其中大部分是残疾儿童，占受照料儿童30%以上。[1]

到了2000年，民政部等部门在《关于加快实现社会福利社会化的意见》(以下简称《意见》)中指出："儿童福利机构在今后一段时间仍以政府管理为主，也可吸纳社会资金合办，同时通过收养、寄养、助养和接收社会捐赠等多种形式走社会化发展的路子。"此后，在《意见》精神的推动下，各地民政部门结合本地实际，大力开展儿童福利的社会化工作。进入新世纪以来，家庭寄养工作发展迅速。据统计，民政部2003年开始倡导在全国的儿童福利机构开展家庭寄养工作以来，全国224所专门儿童福利机构90%以上相继开展了家庭寄养工作。[2]至此，家庭寄养已经成为儿童福利机构孤残儿童养育最重要的方式。

三、收养法制建设与收养工作的发展

要想从根本上改变机构生活给儿童造成的负面影响，就必须让儿童真正在家庭中成长，而收养是最佳选择。儿童收养不仅节省了国家资金，同时也一劳永逸地解决了机构儿童回归社会的问题。从政府的态度来看，收养行为可以分为民间秘密收养和社会公开收养两种。新中国成立后，政府实际上允许和鼓励各种方式的收养行为。例如，我国1950年颁布的《婚姻法》规定："养父母与养子女相互之间的关系适用于父母子女之间的权力义务关

[1] 成海军：《中国当代的儿童福利》，《社会福利》，2004年第1期。
[2] 张延军：《儿童福利机构：家庭寄养工作调查》，《社会福利》，2007年第2期。

系。”1980年的《婚姻法》强调：“国家保护合法的收养关系。”改革开放后我国的收养案例呈现上升趋势。到20世纪90年代，儿童福利机构内的儿童数量也在不断上升，为了减轻经济压力，福利院对于替代性的儿童收养工作也非常积极，因此我国民间秘密收养和社会公开收养都比较普遍。为了进一步规范收养行为，保证儿童收养服务有法可依，1991年12月29日，第七届全国人民代表大会常务委员会第二十三次会议审议通过了《中华人民共和国收养法》(以下简称《收养法》)。《收养法》规定：“收养应向县级以上人民政府民政部门登记。”由于当时为了配合国家计划生育政策，因此《收养法》对国内的正式收养关系做了严格的限制，这对于收养工作有一定的抑制作用，也在一定程度上造成了很多被遗弃的儿童滞留在福利院。

1996年6月，经国务院批准，中国收养中心成立，我国正式启动涉外收养工作。到1998年11月4日，全国人民代表大会常务委员会通过了《关于修改〈中华人民共和国收养法〉的决定》，并于1999年4月1日正式颁布。修订后的《收养法》与原《收养法》相比，收养条件有所放宽，收养途径有所扩大，并且更加注重保护收养人和被收养人的利益，这一定程度上推动了收养工作的开展。1999年5月，经过国务院批准，民政部又发布了《中国公民收养子女登记办法》和《外国人在中华人民共和国收养子女登记办法》，标志着我国收养工作步入法制化轨道，推动了我国收养工作进一步发展，特别是涉外收养政策的改变对收养工作起到了非常积极的作用。仅1998年一年，全国社会收养机构受理内地居民、港澳台居民、华侨以及外国公民儿童收养登记的案件共有26 292件，其中外国公民收养登记案件有5 681件。被收养儿童26 292人，其中由外国公民收养5 681人。此后，收养工作进一步稳步发展。2008年，全国收养登记3.6万件，其中涉外收养3 485件。[1] 儿童收养作为特殊儿童福利服务网络重要的一环，为儿童找到发展和社会融入的场所具有十分重要的意义。被收养儿童的增加表明，《收养法》的修改和通过对于促进我国儿童收养工作发展发挥了重要作用。

第三节 ｜ 改革开放前期儿童福利制度的特征

一、儿童福利观念发生了明显改变

改革开放以后，受到市场经济和对外开放的影响，机构儿童的养育观念发生了很大改变：（1）在计划经济时代，由于社会主义集体观念的约束，人们通常认为孤残儿童在机构过集体生活要优于被寄养在普通家庭中。但是到了20世纪90年代以后，通过不断的探索、实践和争论，人们逐渐认识到回归家庭才是孤残儿童的最佳选择。在这种背景下，家庭寄养和收养工作迅速开展起来。同时，儿童福利机构内也开始了"类家庭"的探索。（2）传统孤残儿童的照料是以"养、教、治"为基本理念。改革开放后，儿童福利机构开始注重孤残儿童的自身需求，遵从儿童身心发展规律，注重儿童自身能力的发展和提高、使他们未来能够更好地融入社区和社会。（3）改革开放以后，我国儿童福利观念开始受到国际社会影响。例如，1992年，我国参加了世界儿童问题首脑会议提出的全球目标和《儿童权利公约》，并发布了《九十年代中国儿童发展规划纲要》。在特殊儿童福利服务方面，儿童福利机构开始走出国门，通过工作人员的交流和培训等方式将国外

[1] 民政部：《一九九八民政事业发展统计公报》、《2008年民政事业发展统计公报》，http://cws.mca.gov.cn/article/tjkb/200902/20090200026333.shtml。

先进养育观念带进来。同时，境外相关儿童福利组织开始进入中国，在全国各地开展儿童救助和儿童工作人员培训等活动，也一定程度上改变了传统本土的儿童福利理念。

二、儿童福利机构的养育方式和功能也有所变化

在改革开放前期，尽管中国已经开始从计划经济走向市场经济，社会经济和物质基础也得到一定的发展，但儿童福利仍然局限于特殊儿童。儿童福利集中在对无依无靠、无家可归和生活无来源的孤儿、弃婴、残疾儿童和有行为偏差的儿童的收养和照顾上。对这些特殊儿童的收养和照顾主要由儿童福利机构来承担，院舍照顾成为当时儿童福利的主流。

与此同时，儿童福利机构的院舍照顾的方式和手段正在走向多样化。院内家庭式照料、家庭寄养、家庭收养和涉外收养、社会助养等新的方式正在成为儿童福利社会化的发展方向。除了孤残儿童照顾以外，儿童福利院的功能也开始社会化，探索向社会开放。一些地方的儿童福利院开始为社区中的残疾儿童提供康复训练、开展家长培训服务等，将福利机构的功能向社区延伸。

三、普惠型儿童福利制度有一定的发展

改革开放后，中国普惠性儿童福利制度也有一定的发展，这主要表现在两个方面。

第一，建立和健全了儿童计划免疫制度。改革开放后，全国各地县以上普遍建立了孕妇孕产期和围产期保健制度和档案，对

有严重遗传病和残疾的儿童进行及早预防。实行了0—14岁儿童的计划免疫措施和办法，极大提高了儿童的健康水平。

第二，实施义务教育制度。1986年4月12日《中华人民共和国义务教育法》由第六届全国人民代表大会第四次会议通过，1986年7月1日起施行。义务教育法规定，国家实行九年制义务教育，年满6周岁的儿童必须上小学。国家建立义务教育经费保障机制，九年义务教育制度规定不收学生学费、杂费，使儿童受教育机会得到保障。根据《1999年中国教育年鉴》，全国有小学712 988所，7—11岁儿童入学率达到98%。除了正规的学校教育之外，当时中国各地小学都有校外辅导员和校外实习基地。各地也建立了少年宫、少年体校等为儿童身心发展服务的设施。

四、儿童福利非营利组织的初步发展

改革开放以后，中国各地都出现了一些由慈善人士举办的各类非营利儿童福利机构，他们动员社会各种资源为孤残儿童和被遗弃儿童服务。由于20世纪80年代相对宽松的政治气氛，非营利组织数量迅速增加。在儿童福利领域，非营利组织机构也有显著增长。例如，从1993年至1999年1月，河北省出现了由民办企业家创办的儿童社会福利机构6家，收养代养儿童168名。[1]这些民间儿童福利组织的出现在一定程度上弥补了政府在儿童救助领域的功能之不足，对于弱势儿童的保护发挥了一定作用。但是，由于改革开放初期对非营利组织管理尚缺乏经验，民间儿童非营

[1] 河北省民政厅、河北省社科院课题组：《从社会办儿童福利机构现状看完善其政策法规的紧迫性》，载窦玉沛主编：《重构中国社会保障体系的探索》，中国社会科学出版社2001年版，第317页。

利组织面临很多的问题。例如，企业家创办儿童福利事业可能带有复杂的动机，民办儿童非营利组织往往面临资金短缺等问题。另外，政府在非营利组织管理方面也缺乏经验。例如，非营利组织的注册登记门槛、非营利组织的经费来源、非营利组织的日常运行和监督管理都缺乏明确的政策措施。

第六章

21世纪以后中国儿童福利制度的发展

进入21世纪，20多年的经济改革引发的种种与儿童相关的社会问题逐渐暴露，例如，农村孤儿问题、农村留守儿童问题、城市流浪儿童问题、城市流动儿童问题、受艾滋病影响的儿童问题、儿童福利机构内儿童养育方式问题、儿童福利机构设施和人员素质问题等逐渐受到了政府和社会的极大关注。为了应对和解决这些与儿童相关的社会问题，加强儿童福利制度建设就变得非常紧迫。与此同时，随着中国经济发展和政府财政收入的高速增长，国家不仅有能力救助保护特殊儿童，也有能力进一步发展具有普惠性特征的教育、医疗卫生、营养等儿童福利。在党和政府高度重视民生保障的前提下，儿童福利制度迎来了一个空前的发展时期。以下分特殊儿童福利和普惠性儿童福利两个部分来讨论这一时期中国儿童福利制度的发展。

第一节 | 特殊儿童福利制度的发展

进入21世纪以后，特殊儿童福利的发展主要表现在儿童福利机构的进一步改革和发展，针对城市流浪儿童建立了儿童救助保护中心，出台了为城乡孤儿发放儿童福利津贴的政策，开展了对受艾滋病影响儿童的救助保护，以及通过最低生活保障制度的分类施保措施加强对贫困儿童的救助等。

一、基于儿童福利机构的福利服务

（一）儿童福利机构的发展

中国目前的国有儿童福利机构是在 1949 年以后逐渐发展起来的。20 世纪 50 年代儿童福利机构的主要特点包括三个方面：一是以国家福利为主导，辅之以农村集体福利；二是城乡分割，这也是当时中国社会福利制度的典型特征；三是受到当时意识形态的影响，非政府组织在孤残儿童养育和保护方面的作用受到严格限制。在功能发挥方面，国有儿童福利机构主要是为没有和找不到亲生父母的儿童提供庇护和照料服务，安排领养、家庭寄养、教育、医疗、康复和就业服务等。改革开放以后，尽管中国儿童福利机构的这些基本特征一直延续下来了，但是也发生了一些明显变化。例如，联产承包制导致农村集体福利衰弱进而影响到农村“五保”制度对孤儿的供养。同时，非政府组织开始进入儿童救助和儿童福利领域，导致混合儿童福利制度的出现，儿童福利机构本身也开始发生变化。例如，儿童机构的院舍照顾的观念和照顾方式发生了很大变化，具体表现在福利机构从封闭型向开放型转变，从救济型向福利型转变，从单一的“以养为主”向“养、治、教与康复并重”转变。在目标设定上，这一阶段儿童福利机构已经从吃饱穿暖满足其物质上的需求，转向满足儿童的身体、生理、心理、社会化成长特点的不同需求，并结合残疾儿童的身体、生理特点，积极开展多种形式的康复和功能训练活动。21 世纪是我国儿童福利机构继续发展和深入改革的重要时期。与此前相比，这一时期的儿童福利事业发展最为迅速，这主要表现为以下几个方面。

第一，儿童福利机构迅速增长，机构收养儿童快速增加。表 6.1 是 1999 年到 2012 年我国儿童福利院的建设情况。

表 6.1　1999—2012 年我国儿童福利院的基本情况

年度	院数（个）	床位数（万张）	年末收养人数（万人）	工作人员数（万人）
1999	110	1.5750	1.4109	0.4712
2000	126	1.8284	1.8039	0.5030
2001	160	2.2554	2.0656	0.5576
2002	178	2.5110	2.2427	0.5950
2003	192	2.6676	2.5344	0.6237
2004	208	3	2.7752	0.6645
2005	—	3.2	2.9	—
2006	—	3.1	3.2	—
2007	—	3.3	2.9	—
2008	—	4.0	3.4	—
2009	303	4.4	3.6	0.8
2010	335			0.9
2011	397			1.0
2012	468			1.1

资料来源：《中国统计年鉴（2000-2010）》，http://www.stats.gov.cn/tjsj/ndsj/。

从上表可以看出这一时期的儿童福利服务机构发展很快。从 1999 年到 2004 年的短短五年间，我国儿童福利院的数量、收养人数和床位数都几乎翻了一倍，只有工作人员的增长幅度不是很大。从 2005 年到 2009 年，儿童福利机构的床位数和收养人数的增长速度有所放缓，但总体增长速度仍然很快。一直到 2012 年，儿童福利机构数和工作人员数都在不断增长。儿童福利机构和收养人数的增长，一方面表明中国的孤残儿童和弃婴问题自改革开放后并没有得到显著改善，另一方面也表明国家对孤残儿童问题的重视程度不断加深，机构有能力收养更多的孤残儿童。改革开放后，机构内孤残儿童的增加有深刻的社会转型原因。儿童福利的机构大都是位于经济条件好的大中城市，而城市儿童福利机构收养的儿童主要来自贫困的农村地区。笔者通过对一些儿童福利院的调研发现，经济发达地区的城市居民即使生下残疾儿童也不会抛弃。而贫困地区的农村父母在生下残疾儿童之后，考虑到未来家庭难以承担残疾儿童的抚养，就容易将儿童遗弃。更重要的是，一些贫困地区的农村父母为了给即将遗弃的孩子找一个好的收养照顾的地方，往往会将孩子带到条件好的大城市，将孩子遗弃在条件好的儿童福利院旁边。因此，儿童福利机构收养儿童数量的增加一定程度上也反映出农村地区孤残儿童转移到了城市地区。

当然，机构儿童的增加也一定程度上反映了中国儿童福利机构在养育观念上仍然没有实现根本转变。笔者曾经在儿童福利院进行调查发现，一些儿童福利机构的工作人员仍然紧紧盯着家庭养育的不利方面，而忽视家庭养育对儿童身心发展的积极影响。例如，有些机构的负责人在谈到家庭寄养问题时担心寄养家庭可能会出于省钱的考虑给儿童喂养劣质的奶粉，进而引发一系列的责任问题。一些发达地区福利机构的工作人员仍然认为机构内的生活条件和教育条件要比家庭寄养好得多。也有一些福利机构的工作人员仍然坚持认为让残疾儿童生活在机构内有利于减少社会歧视，减少对残疾儿童的伤害，等等。这些观念因素的存在一定程度上会阻碍家庭寄养或收养工作的开展，增加机构内儿童的数量。从另一个角度来看，中国大多数家庭在经济条件和观念意识等方面难以接受残疾儿童作为家庭成员，导致那些生下残疾儿童的家庭很容易将他们遗弃。同时，由于观念和经济条件等因素的影响，一般的家庭也很难接受收养或寄养残疾儿童作为家庭成员。基于这两个原因，再加上国家有经济能力建设条件更好的儿童福利设施，因此机构内儿童数量（特别是残疾儿童数量）不断增加也在情理之中。

第二，这一时期儿童福利机构继续坚持“养、治、教”相结合的方针，在办好机构照顾的同时，积极探索不同形式的儿童福利服务。由于收养人数的增多，机构照顾自身的弊端以及实践中的问题也开始逐渐显露出来，并日益受到重视。例如，机构中许多服务人员是在社会上临时招聘的，专业知识和技能比较差，难以提供生活照料、康复、教育、心理咨询等方面专业性的儿童福利服务。一些儿童福利机构由于工作人员的变动，儿童经常需要面对新的服务人员，使得福利机构无法提供持续性的专业化照顾等。在这种情况下，改革的基本导向是更加重视儿童福利机构的专业化建设，同时在服务提供上强调标准化：一是儿童福利服务的专业化。从 20 世纪 90 年代末开始，我国一些高校陆续启动了社会工作专业人才的培养，开始有了社会工作专业和社会工作学，为儿童福利专业化提供了理论依据和广泛的人才来源。同时，各地福利机构更加重视现有儿童福利工作人员的培训和在职训练，不断提高专业素质，加强职业技能。二是儿童福利服务的标准化。服务标准化的重要意义是可以为评价和跟踪服务质量提供客观标准，避免服务提供过程中的随意性。国家建立了一套相对健全制度，包括例如《社会福利机构管理条例》、《社会福利机构工作规程》等，为儿童福利服务的标准化提供了参照基础。各地一些儿童福利机构根据儿童服务与护理方面的知识与技术，在强调可操作性与可考核性的基础上，探索制定出儿童福利机构的服务质量标准，为儿童福利提供一套正式的准则以进一步改善服务质量，通过绩效和考核的方式达到社会对服务质量所抱的期望。

第三，推动“蓝天计划”、“明天计划”等项目，提高儿童福利机构照顾水平。进入 21 世纪，儿童福利机构建设最重要的举措是实施了“明天计划”和“蓝天计划”。所谓“明天计划”，指“残疾孤儿手术康复明天计划”，是民政部使用彩票公益金于 2004 年 5 月在全国开展的为城乡各类社会福利机构中 0—18 岁具有手术适应症的残疾孤儿进行手术矫治和康复的计划。“明天计划”首先保证了机构内重症儿童的生命和健康。据统计，儿童福利机构中脑瘫疑难重症的患儿占到 40% 左右，这些儿童的生命受到严重威胁，他们是“明天计划”的救治重点。同时，民政部鼓励拓展救治范围，鼓励有条件的省市扩大手术治疗面。“明天计划”手术经费原则上由部、省两级分担，有条件的地区也可以由地（市）负担一部分。部、省两级经费分担的比例，东部省份为 4∶6；中部省份为 5∶5；西部省份为 7∶3。部级经费由民政部使用本级彩票公益金，并和中国收养中心、中华慈善总会、中国社工协会共同筹集。省级经费由省级留用彩票公益金、地方财政和省内捐赠等渠道筹集。“明天计划”原计划利用三年时间，全部完成儿童福利机构中残疾儿童的手术康复治疗工作，但各部门在实施过程中发现，儿童福利机构中需要实施手术康复治疗的残疾孤儿不断出现，这些残疾儿童的手术康复问题不可能一次性解决。为此，2007 年 12 月民政部印发了《民政部关于建立“残疾孤儿手术康复明天计划”长效机制的通知》（〔民函 2007〕330 号），将三年计划转为长效机制。

“明天计划”的实施极大地推动了儿童福利机构残疾儿童的手术康复治疗工作，特别是中西部残疾儿童受益更多。例如，从全国第三年度“明天计划”的实施情况来看，各省上报手术康复残疾儿童15 772名，占三年手术儿童总数的44.7%，手术经费支出3.31亿元，占三年手术经费支出总额的51.9%。申请部级资助金额2.14亿元，占三年资助总额的53.3%。其中，第三年度，东部上报手术康复残疾儿童1 392名，占第三年度全国总数的8.8%，手术经费支出2 838万元，占第三年度全国总数的8.6%，申请部级资助金额1 135万元，占第三年度全国总数的5.2%。中部上报手术康复残疾儿童2 521名，占第三年度全国总数的16%，手术经费支出4 757万元，占第三年度全国总数的14.4%，申请部级资助金额2 396万元，占第三年度全国总数的11.2%。西部上报手术康复残疾儿童11 859名，占第三年度全国总数的75.24%，手术经费支出25 524万元，占第三年度全国总数的77.1%，申请部级资助金额17 866万元，占第三年度全国总数的83.5%。[1] 总体看来，“明天计划”10年来取得了重大成就，主要表现在三个方面：一是构建针对脑瘫儿童的从手术治疗到康复训练的网络体系。自2004年至2014年，8万多名孤残儿童得到了手术矫治和康复训练。“明天计划”构建了包含八家部级定点医院、297家省级定点医院在内的部、省两级救治网络，实现了全国儿童福利机构全覆盖；同时以三家部级、四家省级脑瘫儿童定点医院以及60家脑瘫康复训练示范基地为依托，在全国构建起针对脑瘫儿童从手术治疗到康复训练的网络体系，推动了福利机构孤残儿童康复水平的整体提高。二是有效推动儿童融入社会。心脏病、唇腭裂、马蹄内翻、脊柱侧弯等患儿经由手术康复，身心均获得健康发展，1.8万名手术康复后的孤残儿童被国内外家庭收养。三是促进全社会形成关爱孤残儿童的良好氛围。在“明天计划”的引领和带动下，许多公益

---

[1] 甘薇薇:《以“明天计划”、“蓝天计划”为契机推动儿童福利全面发展》,《社会福利》,2007年第10期。

慈善机构逐步关注孤残儿童，通过捐助物资、捐赠资金和开展合作项目等方式，帮助福利机构改善基础设施，加强人才队伍建设，引入先进的工作理念和方法，促进福利机构提升工作水平。另外，社会各界累计为“明天计划”捐款 5 000 多万元，为孩子们开启了手术康复的“绿色通道”。[1]

“明天计划”实施的最后阶段，民政部又启动了“蓝天计划”。根据民政部印发的《“儿童福利机构建设蓝天计划”实施方案》，“蓝天计划”的目的是加强儿童福利机构基础设施建设，重点解决制约儿童福利事业发展的突出问题。为实施“蓝天计划”，从 2006 年起，民政部每年从部本级福利彩票公益金中安排 2 亿元予以资助，地方民政部门的福利彩票公益金也要将“蓝天计划”作为重点项目进行资助，加上地方财政的投入，力争用五年时间，从中央到地方投入资金 60 亿元，在全国大中城市建设和完善集养护、救治、教育、康复、特教于一体的儿童福利机构，为孤残儿童提供功能完善的福利服务场所和设施，为多种养育模式提供必要的依托和载体，辐射和带动社区孤残儿童服务的开展。[2]“蓝天计划”的实施，基本上解决了困扰儿童福利机构多年的基础设施问题。

“蓝天计划”的目标主要是帮助没有建立儿童福利院或社会福利院的地级以上大中城市新建儿童福利机构或对现有儿童部进行改建、扩建。与“明天计划”一样，“蓝天计划”也对中西部地区有明显的倾斜。在资助标准上，民政部采取资助固定建设面积的办法，按照东、中、西部不同的建筑造价和资助比例，本着福利彩票公益金适当向中西部倾斜的原则，予以资助。具体资助办法

[1] 中国公益研究院儿童福利研究中心：《中国儿童福利月度分析（6 月 1 日至 6 月 30 日）》，2014 年第 6 期。

[2] 民政部：《“儿童福利机构建设蓝天计划”实施方案》，http://www.mca.gov.cn/article/zwgk/gzdt/200711/20071100003905.shtml，2014-7-29。

是：部本级福利彩票公益金资助的固定建设面积，根据儿童福利机构服务实际覆盖地区的人口数量测算。在造价标准制定上，参照国家发改委确定的有关标准，定为儿童福利机构建设每平方米造价东部 1 500 元，中部 1 200 元，西部 1 000 元。部本级福利彩票公益金按东部 30%、中部 50%、西部 70% 的比例进行资助。“蓝天计划”的资金来自福利彩票。“蓝天计划”是继“明天计划”顺利实施后，民政部门开展的又一项“爱心工程”。[1]“十一五”期间，“蓝天计划”支持地方建设了 463 所儿童福利院，实现了全国地级以上城市均建有一所儿童福利机构的目标，有效解决了孤残儿童养护、救治、教育、康复等问题。“蓝天计划”一期主要是为我国地级以上大中城市解决儿童福利机构建设问题。但是，目前我国大部分孤儿居住在农村地区，而 80% 的床位集中在地级以上城市，县级儿童福利机构建设还比较薄弱，供需结构矛盾十分突出。为此，2014 民政部又正式部署启动新一轮“蓝天计划”。实施“规划二期”的目标是要在全国建设一批标准化的县级儿童福利机构，这对于完善我国儿童福利机构整体布局、健全困境儿童福利服务体系具有极为重要的现实意义。

（二）家庭寄养服务

家庭寄养模式是指儿童福利机构通过家庭寄养的方式将方便家庭寄养的儿童送入普通家庭中，为儿童成长提供家庭环境。在改革开放之前，机构内集中供养被认为是孤残儿童安置的首选办法，家庭寄养的开展往往是受到经济条件限制时不得不开展的权宜之计。到 20 世纪 80 年代初期，民政部甚至曾要求各地把寄养在家庭中的儿童收回福利机构集中供养。20 世纪 90 年代中后

[1] 民政部：《“儿童福利机构建设蓝天计划”实施方案》，http://www.mca.gov.cn/article/zwgk/gzdt/200711/20071100003905.shtml。

期，由于受到国外养育观念和实践的影响，国内儿童福利研究和实践部门也开始反思机构养育对儿童造成的负面影响。基于机构供给模式的种种缺陷，家庭寄养重新得到重视。自20世纪90年代初，全国各地纷纷兴起对孤残儿童家庭寄养模式的尝试。根据《中国儿童福利政策报告2011》中的数据显示，目前已开展家庭寄养的社会福利机构占有儿童收养任务的福利机构的50%以上，这些机构中有超过一半的孤残儿童委托寄养家庭照顾，家庭寄养已经成为照顾孤残儿童的主要养育方式。[1]家庭寄养的开展改变了过去满足孤残儿童身体发展所必需的物质层面，更多地关注他们身心健康发展的精神层面，更有利于孤残儿童融入社会生活，塑造健全的人格。并且，由于中国计划生育的开展，无论是城市还是农村家庭的孩子都很少，因此中国家庭都非常欢迎孩子，这为家庭寄养工作的开展创造了巨大的发展空间。

经过十多年的实践，各地在开展家庭寄养方面出现了很多种不同的做法。总体看来，机构孤残儿童要么被送往城市寄养，要么被送往农村寄养。城市家庭寄养有其自身的优势，主要包括：寄养家庭的成员有良好的文化素质，往往更容易接受寄养儿童养育、康复、教育制度等知识，便于机构工作人员进行家庭寄养相关知识的传授指导；城市社区配套设施完善，这些资源条件为被寄养儿童的生活、学习、娱乐提供了充分保障。但是，城市寄养也有很多缺点，包括：寄养家庭成员结构单一；生活模式和生活空间比较固定，被寄养儿童接触的事物比较单一；社区环境复杂，人与人之间相互多不认识，家庭与家庭、孩子与孩子之间的互动较少，被寄养儿童社会交往少，不利于他们融入社区；城市社区

---

[1] 尚晓媛等：《中国儿童福利政策报告》，北京师范大学壹基金公益研究院•儿童福利研究中心，2011年，第18页。

寄养的经济成本高。农村地区家庭寄养与城市家庭寄养相比也有自己的优缺点。不利的方面主要包括：农村寄养家庭成员文化水平偏低，对于儿童的科学养育和康复、特教知识接受慢，对于寄养儿童的学习指导和督促也存在一定困难；农村社区配套设施不足，寄养家庭的经济条件要差一些，医疗条件和教学水平也比较差。但是，农村地区家庭寄养也有很多的优势，主要包括：农村家庭成员结构健全，能使寄养儿童感受到更多的关爱和帮助，有利于他们的身心康复；农村社区环境比较自然，有利于儿童的身心康复和健康发展；农村地区通常有山有水，有花鸟虫鱼，有禽畜，有利于儿童增长知识、增强自信心。[1] 以下分城乡总结各地典型的寄养模式。

1. 以农村地区为基础的家庭寄养模式。

最初开展农村家庭寄养的是山西省大同市社会福利院。大同市开展农村家庭寄养始于新中国成立初期。20 世纪 60—70 年代，由于弃婴的数量大大增加，家庭寄养的规模也随之扩大。到 20 世纪 80 年代初期，福利院按照上级精神曾经把部分被寄养的孩子收回机构供养，但是效果并不理想。进入 21 世纪后，大同市社会福利院家庭寄养工作在坚持优良传统的基础上进行了一定的探索，其做法在全国仍然具有重要的示范意义。大同市社会福利院家庭寄养项目的管理包括选择寄养父母、寄养环境、监控制度和寄养协议等几个方面。乳娘的选择有四条标准：第一，身体健康，有育儿经验；第二，最好能用自己的乳汁哺育孩子；第三，家中孩子多点好，说明大人爱孩子，而且人手多便于照顾孩子；第四，最好有点文化，有利于儿童的教育和康复。除了乳娘选择有一定

[1] 王彦斌、赵锦云：《儿童福利社会化重构“昆明模式”》，社会科学文献出版社 2006 年版，第 50—52 页。

标准之外，大同市社会福利院在选择寄养村庄方面经过长期实践也有一定经验。寄养家庭逐渐向学校、卫生院条件比较好的大村集中，寄养点逐渐从分散向集中连片发展。这样不但便于管理，而且有利于监督和寄养后的支持工作。至 2001 年 5 月，福利院的 394 名孤残儿童分散寄养在大同市 4 区 2 县 25 个乡镇 38 个自然村的 272 个家庭之中，形成了以散岔、解庄、上榆涧、唐家堡、西村 5 个大村为中心的育孤网络。[1] 但总体看来，大同市社会福利院家庭寄养项目监控和家长支持方面比较薄弱。福利院儿童部只有 4 名工作人员，负责 450 名外育婴儿和 256 名在院儿童的管理。

北京市儿童福利院采取的也是农村家庭寄养方式。北京市儿童福利院的家庭寄养工作是20世纪90年代初发展起来的。1987年，儿童福利院开始试行“集中供养与分散代养相结合，以分散代养为主”的机构养护模式，并且先后选择了延庆和大兴的敬老院作为代养点而代养了 200 多名孤残儿童。随后，北京市福利院开始在农村家庭中尝试进行孤残儿童的寄养。经过调研发现，在家庭中寄养的孤残儿童身体功能康复效果明显，决定将这种模式进行一定范围推广。于是分四批将残疾儿童寄养到了农村 143 户家庭，并且开始着手进行生活供养、就学、就业、就医等一条龙服务的探索。到 1998 年，北京市儿童福利院形成了真正意义上的家庭寄养模式的福利供给模式。在管理方面，北京市儿童福利院为家庭寄养设立了业务儿科，专管家庭寄养和涉外领养工作。在院外，建立了儿童福利院—镇政府—寄养点的管理体制。从 1998 年开始，福利院得到财政部门批准，在大兴县设立家庭寄养指导站，费用由财政出。这个指导站负责指导 400 名孩子的寄养监控。北京市

[1] 尚晓媛：《中国弱势儿童群体保护制度》，社会科学文献出版社 2008 年版，第 136—137 页。

儿童福利院在寄养家长的选择上非常严格，首先要求经济水平在平均水平以上。福利院认为，如果寄养家庭收入过低，就无法保证国家补贴全部用于寄养儿童。其次，寄养家长必须要有育儿经验，父母的文化程度要求在初中以上。家庭成员最好是三代同堂，这有利于寄养儿童得到更多的照顾，也有利于寄养儿童的社会融入过程等。经过近十年的探索，到21世纪初期，北京市儿童福利院农村家庭寄养工作模式基本定型。

昆明市儿童寄养工作自2000年12月开始实施，是集中化社区的农村家庭寄养模式。从2000年上半年起，昆明市儿童福利院开始寄养社区的考察工作，先后到昆明市禄劝县、武定县、西山区、安宁市草铺镇等地的农村进行实地考察并进行比较分析，最后选定了安宁市草铺镇这一较为理想的家庭寄养社区。家庭寄养工作由市儿童福利机构出面，联络农村社区及相关组织机构，在昆明市郊区的三个农村社区中设立四个家庭寄养点，将孤残儿童安排在农村家庭中代为照顾养育，共安置孤残儿童241名。儿童福利机构根据接收孤残儿童家庭的实际情况每户安置1—2名孤残儿童，并为寄养家庭支付劳务费，以正常儿童每人每月100元、残疾儿童每人每月150元为补助标准。这种家庭寄养模式是在儿童福利机构与家庭、社区的互动过程中不断协调和推进的，凸显了社区对家庭寄养的支持作用，同时也反映出家庭寄养对社区的促进作用。[1]在管理方面，昆明市儿童福利院发展了一个以寄养办公室为中心，乡镇、村委会和村民小组共同参与的三级监护网络。乡镇一级在寄养工作的准备期，积极配合寄养办做好村民的宣传发动工作；在寄养工作的实施阶段负责儿童学校教育的保障和落

[1] 李迎生：《特殊社会救助模式——“孤残儿童家庭寄养模式”评析》，《云南社会科学》，2003年第5期。

实。村委会负责向寄养办公室推荐适宜的村庄和符合寄养条件的家庭，村民小组负责儿童进入寄养家庭后的实地监控工作。儿童福利院在院内建立的“儿童家庭寄养办公室”是家庭寄养常设管理机构，通过政府、村委会和村民小组的配合，对寄养家庭的资格、接受能力及实施效果等定期进行考核。同时家庭寄养办公室还安排有关专职人员每周对寄养家庭进行回访，及时了解情况，解决问题。[1] 这种集中的社区家庭寄养模式相对于其他分散化的寄养家庭，更容易产生集合效应，提高资源利用率。同时，集中化的农村社区家庭寄养方式也有利于监督和管理，节约运行成本。

济南市儿童福利院儿童寄养工作开始于 2004 年 5 月，以“政府出资、社会支持、家庭寄养、统一监护”为主要形式，在济南市唐王镇纸坊村建立首家孤残儿童家庭寄养基地。[2] 该寄养基地已接收 120 名以上孤残儿童，在家庭寄养基地设有专门的特教室、康复训练室等。正常情况下，基地每周一到周五都会安排专门的康复老师对有需求的孩子进行相应的康复训练。基地的寄养家长以女性照顾者居多，文化水平多在中等偏上。照顾者们都很有责任感和耐心，在寄养过程中不存在父母照顾不足或被虐待等现象，也不存在因为父母暂时不方便而出现将儿童寄养在邻居家或亲戚家的情况。[3] 寄养儿童在农村家庭的长期生活能够被周围的人群接受，适应能力得到不同程度的提升，为他们今后更好地融入社会做好准备。

2. 以城市地区为基础的家庭寄养模式。

上海市是最早开展城市家庭寄养工作的地区之一。1994 年春，上海市儿童福利院与上海青年报社联合筹划开展了“好心人抱一

[1] 王彦斌、赵锦云：《儿童福利社会化重构“昆明模式”》，社会科学文献出版社 2006 年版，第 98—100 页。

[2] 马玉卓：《农村家庭寄养模式中孤残儿童的社会适应行为效果探析》，《社会工作》，2010 年第 8 期。

[3] 杨生勇、冯晓平：《中国儿童福利研究综述》，《中国青年研究》，2006 年第 1 期。

抱孤儿”和“孤残儿童寄养寄托”等活动。1997年5月，上海市民政局、上海市慈善基金会、上海《新民晚报》社等联合发起以“政府出资、社会支持、家庭寄养、统一监护”的形式，在全市范围内开展孤残儿童的家庭寄养活动。此后，上海市儿童福利院针对城市家庭寄养过程中出现的问题不断提出新的对策，诸如孤残儿童心理社会适应问题、寄养家庭选择问题以及寄养劳务费用等问题，有效地促进了被寄养儿童在生理、心理及社会化等方面的健康发展。在管理方面，家庭寄养项目由上海市家庭寄养办公室领导。办公室的成员有上海市社会福利中心主任、上海市慈善基金会代表、华东师范大学特殊儿童教育专家以及家长代表。寄养家庭招募过程分为三部分：申请、评估和匹配。申请人必须符合上海市民政局确立的标准，但是最终决定权在家庭寄养办公室。被选中的父母在被允许把孩子带回家之前，必须参加为期一天的培训。孤儿安置以后的头三个月是匹配阶段的继续。在孩子和家庭匹配期间，上海市家庭寄养办公室的工作人员要按规定每月上门访问寄养家庭一次。如果匹配成功，上海市儿童福利院和领养父母之间要签订一份正式的合同。作为中国最发达的城市地区，上海市的家庭寄养工作有民政局、儿童福利院、慈善基金会、高校等多方参与，真正体现了政府、社会和家庭各自承担责任、各自发挥作用的儿童福利服务模式。

南昌市采用的是以城市社区为基础的寄养管理模式。南昌市儿童福利院的城市寄养开始于1999年，到2001年时南昌市有300多名儿童在家庭寄养。在管理方面，南昌市家庭寄养程序包括下述步骤：登记（口头）家访审查、养父母健康检查、办班培训、签订协议等。儿童福利院院内成立了家庭寄养办公室，负责外育儿童的管理、评估、家访等工作。对寄养家庭的要求包括养父母身体健康、有固定收入、有宽敞的住房条件等。寄养家庭一经审查合格，有适当儿童时便送入家庭签订协议。从家长招募方面来看，南昌市无需进行宣传，主要依靠熟人之间的相互介绍。因此，招募的家长中大多数集中在几个大工厂的家属院内。最初要求家长进行书面申请，后来口头申请即可。申请后，福利院工作人员进行家访和审查。由于家长们居住相对集中，这就使管理尤其是寄养后的回访工作比较容易。[1] 与上海市城市家庭分散寄养不同，南昌市家庭寄养虽然在城市地区开展，但是由于寄养家庭非常集中，这种做法与农村家庭寄养区别并不大。

通过以上对中国各地农村和城市地区典型的家庭寄养模式进行比较和分析，将其基本特征进行列表总结如下（表 6.2）：

表 6.2　农村和城市家庭寄养模式比较

寄养地区	城市	发起时间	特征
农村地区	大同	20 世纪 50 年代	把孤残儿童寄养在农村家庭，寄养点从分散向集中连片发展。
	北京	1987 年	把孤残儿童寄养在农村家庭，建立了儿童福利院—镇政府—寄养点的管理体制。
	昆明	2000 年 12 月	把孤残儿童寄养在相对集中的农村社区家庭，院内建立寄养办公室，委托村委会管理。
	济南	2004 年 5 月	建立孤残儿童家庭寄养基地，为寄养在周边村庄的孤残儿童提供服务，统一监护。
城市地区	上海	1997 年 5 月	把孤残儿童寄养在城市家庭（城市家庭分散寄养）。
	南昌	1999 年	以城市社区为基础的寄养管理。

[1] 尚晓援：《中国弱势儿童群体保护制度》，社会科学文献出版社 2008 年版，第 128—129 页。

（三）儿童收养服务

收养是一种替代性的儿童福利服务，是指当儿童的亲生父母无法发挥对儿童的养育功能时，为儿童寻找一个替代家庭，让养父母来履行亲职责任，以便让儿童能在家庭中生活。由于儿童福利院养护的主要是孤残儿童，因此儿童收养也是儿童福利机构的一项重要工作。由于传统意识和经济的双重压力，儿童福利院通常对孤儿和被遗弃儿童的收养抱有积极的态度。尚晓媛曾经在2000年对大同市社会福利院、南昌市儿童福利院、黄石市社会福利院、天津市儿童福利院的收养情况进行调查时发现，各福利院2000年共有412名儿童被收养，其中有49名轻度或重度残疾儿童，占到11.9%。大同市社会福利院儿童福利院的收养情况最好。1964年到1995年，大同市儿童福利院共收养婴幼儿6 500名，他们中排除458人与自己的父母团聚以外，共有3 627人被收养，占福利院收养儿童的55.8%。南昌市儿童福利院自20世纪90年代以来，每年都有数百名儿童被国内外收养。仅2000年一年中，就共有336名婴儿、幼儿和儿童被国内收养。[1] 下表是1996年—2012年中国孤儿和家庭收养情况：

表6.3　1996—2012年中国孤儿和家庭收养情况

年份	孤儿数（人）	家庭儿童收养登记总数（件）	中国公民收养登记（件）	外国公民收养登记（件）	家庭儿童收养比例(%)
1996		18 896	14 804	4 092	
1997		21 548	17 193	4 355	
1998		26 498	20 611	5 887	

[1] 尚晓媛：《中国弱势儿童群体保护制度》，社会科学文献出版社2008年版，第96—97页。

续表

年份	孤儿数（人）	家庭儿童收养登记总数（件）	中国公民收养登记（件）	外国公民收养登记（件）	家庭儿童收养比例（%）
1999		38 074	31 916	6 158	
2000		55 802	49 037	6 765	
2001		44 706	36 089	8 617	
2002		45 336	35 372	9 964	
2003		54 159	44 884	9 275	
2004		52 603	40 084	12 519	
2005		49 506	35 470	14 036	
2006		48 178	38 393	9 785	
2007		45 192	36 893	8 299	
2008	67 921	42 550	37 009	5 541	65.0
2009	127 599	44 260	39 801	4 459	34.8
2010	252 110	34 529	29 618	4 911	13.7
2011	509 695	31 424	27 579	3 845	6.1
2012	570 075	27 278	23 157	4 121	4.8

注：（1）2011 年以前的“孤儿数”指领取《儿童福利证》的孤儿数，2011 年起指失去父母或查找不到生父母的未满 18 周岁的未成年人数。

（2）家庭儿童收养比例 = 家庭儿童收养人数 / 孤儿数 ×100%。

资料来源：《中国统计年鉴（2000-2013）》，http://www.stats.gov.cn/tjsj/ndsj/。

从上表可以看出，中国的孤儿数量是不断上升的，到 2012 年达到 570 045 人。与此同时，家庭儿童收养登记数在 2003 年达到最高峰 54 159 件之后开始逐年下降，到 2012 年只有最高峰时的一半左右。其中公民收养登记从 2003 年 44 884 件下降到 2012 年的 23 157 件，外国公民收养登记从 2005 年的 14 036 件下降到 2012 年的 4 121 件。由此可见，尽管中国的孤儿数量在不断上升，但是孤儿被收养的比例却在不断下降，从 2008 年的65%一直降到了2012年的4.8%。没有被家庭收养的孤儿大部分都留在儿童福利机构内，这也从一个侧面说明了儿童福利机构收养的规模为什么越来越大。造成这种情况的根本原因在于儿童能否被成功收养很大程度上取决于儿童的健康状况，一般说来健康的儿童很容易被收养。收养的成功率也跟儿童性别有一定关系。实践证明，凡是有大量儿童被领养的地方，被遗弃的儿童中健康女婴的比例都很大，残疾儿童的比例很小，因为残疾儿童被领养的机会非常小。从积极乐观的方面来看，福利机构内儿童规模越来越大表明政府在替代性儿童保护方面发挥的作用越来越大。但儿童福利机构的不断扩张与国际上儿童福利去机构化的发展趋势是背道而驰的。实际上，当前很多西方发达国家已经没有提供替代性儿童保护的儿童福利院。例如，在澳大利亚，所有孤儿都被家庭领养而没有儿童福利机构进行替代性养护。

中国每年都有大量儿童被国外家庭收养。中国收养中心受中国政府委托，专门负责涉外收养具体事务，包括负责接收外国政府或外国政府委托的收养组织转交的外国人来华收养儿童的申请，为符合规定的外国收养人寻找和安排收养对象，跟踪了解并掌握中国被收养儿童在外国生活、成长的情况，协助中国政府有关部门处理中国被收养儿童的涉外权益保护案件，等等。中国收养中心还承担了社会福利机构儿童养育和国内收养的部分具体工作，包括开展国内收养工作调研并提出政策性意见和建议，研究提出国内收养工作标准和程序的建议意见并协助实施，协调和承办国内跨省儿童收养业务等。外国收养组织是儿童回归家庭的纽带和桥梁，是保护被收养儿童权益的重要实践者。截至2005年9月30日，与中国建立收养合作关系的国家有16个。在这些国家中，与中国收养中心合作的政府部门和收养组织共有157个。[1] 在收养人的资格条件上，我国也有十分严格的标准。根据《中华人民共和国收养法》规定，收养人应同时具备四个条件，即无子女、有抚养教育被收养人的能力、未患有在医学上认为不应当收养子女的疾病以及年满30周岁。有配偶者收养子女，须夫妻同意共同收养。无配偶的男性收养女性的，收养人与被收养人的年龄应当相差四十周岁以上。所有这些规定都是从保护被收养人的权益出发作出的规定，这些规定实际上是为了让儿童有一个良好的成长环境。例如,《收养法》规定收养人必须“有抚养教育被收养人的能力”，包括收养人在身体、智力、经济、道德品质和教育子女等方面具有抚养和教育被收养人的能力，能够履行父母对子女应尽的义务。此外,《收养法》对收养人资格条件的规定也充分尊重中国的历史和文化传统。例如，收养三代以内同辈旁系血亲的子女，可以不受“生父母有特殊困难无力抚养子女”、“收养人与被收养人的年龄应当相差四十周岁以上”和“被收养人不满十四周岁”的限制。这种规定实际上是对我国以血缘为纽带的家族（宗族）收养的历史传统的肯定，也是对家族之间儿童收养关系的鼓励。

（四）流浪儿童救助保护

中国流浪儿童问题的产生与社会经济转型密不可分。在改革开放前，我国城市地区有工作单位的人（包括家属），其生、老、病、死等社会保障问题都靠单位解决，而那些孤儿、弃婴和残疾儿童，则由民政部门举办的儿童福利院抚养。在农村，孤寡残幼及其他无依无靠者，可以通过“五保户”制度由集体供养。从某种程度上来看，这像一张非常严密的福利“安全网”，再加上户籍制度、收容遣散制度，使得儿童流浪问题很难发生。但是20世纪

[1] 中国儿童福利与收养中心主页：http://syzx.mca.gov.cn/article/jgzn/znjs/。

80 年代改革开放以后，政治经济体制转轨逐渐破坏了原有的福利体制的存在基础。而大规模的城市化和人口流动导致大量农村人口涌入城市，带来了大量的流动儿童。对于流动儿童的数量，目前尚缺乏统一的数字。2003 年 11 月，国务院妇女儿童工作委员会和全国妇联根据 2000 年第五次全国人口普查结果推算：我国流动人口规模已超过 1 亿人，其中 18 周岁以下的流动儿童有 1 982 万人，占全部流动人口的 19.37%。0—14 岁的儿童已经超过 1 410 万，占全部流动人口的 13.78% 以上。[1] 流动儿童作为我国当前城市化进城中转轨的一代，在他们的生活和教育方面都面临很大的问题，加上其他原因（如家庭暴力），从而使流动儿童成为城市流浪儿童的重要来源。流浪儿童的具体数量有多少，目前也无准确数据。有研究认为，我国流浪儿童约有 15 万人，全国妇联有关人士调查不少于 20 万人，青少年工作专家估计有 100 万人左右。而据民政部提供的资料，全国约有 20 万左右流浪儿童。如果按照国际惯例，将随父母一起外出务工，白天主要生活在街头，晚上可以回到父母身边，但失去正规教育机会的孩子一并考虑进去的话，至少有 30 万以上的街头儿童。[2]

流浪儿童问题引起了政府和社会的广泛关注，对流浪儿童的救助保护目前已经形成了以救助中心为依托的临时性机构救助模式。这种救助模式是在 21 世纪初期废除原有的收容遣送制度的基础上建立的。改革开放初期，我国针对城市流浪乞讨人员的政策是 1982 年实施的《城市流浪乞讨人员收容遣送办法》，城市流浪儿童和其他成年流浪乞讨者一样会被强行收容和遣送回原籍。流

[1] 项继权：《农民工子女教育：政策选择与制度保障——关于农民工子女教育问题的调查分析及政策建议》，《华中师范大学学报（人文社会科学版）》，2005 年第 3 期。

[2] 毕伟：《国内流浪儿童状况研究综述》，《云南民族大学学报（哲学社会科学版）》，2008 年第 6 期。

浪儿童救助从收容遣送中分离出来作为独立的儿童福事业部门，与国际儿童组织和慈善机构的参与密不可分。从1992年起，民政部社会福利和社会事务司与联合国儿童基金会开展项目合作，着手流浪儿童救助保护工作的深入研究，指导地方民政部门结合工作探索流浪儿童救助的新方法。到1995年，中共中央办公厅、国务院办公厅在《关于转发〈中央社会治安综合治理委员会关于加强流动人口管理工作的意见〉的通知》(〔厅字1995〕42号)中提出："对于在社会上长期流浪、无家可归，失去正常生活、学习条件和安全保障的少年儿童，要采取保护性的教育措施。可在流浪儿童较多的城市试办流浪儿童保护教育中心。"这是中央首次明确提出要试办流浪儿童保护教育中心(以下简称"儿保中心")。[1] 从这一年起，民政部开始着手建立儿保中心，尝试制度化地为流浪儿童提供照顾、保护。

2003年，国务院颁布《城市生活无着的流浪乞讨人员救助管理办法》(以下简称《办法》)及其实施细则，将城市流浪乞讨人员的收容遣送正式改为自愿性救助，对流浪儿童的政策也从收容遣送转变为社会救助。同时，流浪儿童救助保护工作正式归为民政部门管理，开始走上专业化的道路。《办法》的颁布标志着我国流浪儿童救助制度正式建立。按照1995年《意见》精神，民政部要求每个地级城市都建立一所儿保中心，到2005年底，全国儿保中心的总数达130个，这些中心主要分布在大中城市和经济发达的城市。在尚未建立儿保中心的城市，流浪儿童的救助工作则由救助管理站承担。儿保中心和救助站的主要职责是：提供符合食品卫生要求的食物，提供符合基本条件的住处，对在中心或站内突发疾病的及时送医院救治并帮助与其家属联系，对没有交通

[1] 张齐安、杨海宇：《中国流浪儿童》,《社会福利》，2002年第9期。

费返家的提供乘车费用，开展心理咨询及非正式教育等等。但是，2003 年国务院出台的《办法》及其实施细则，只对流浪儿童的救助保护作了抽象的原则性规定，可操作性比较差。儿童救助毕竟不同于成年人的救助，特别是在流浪儿童遵循自愿救助的援助方面往往存在现实困难，为此各地在探索流浪儿童救助实践中也存在争论。例如，江苏等省的实践和经验认为，流浪儿童是缺乏民事行为能力的个体。因此，针对他们的救助被认为不适于建立在《办法》所强调的“自愿救助”的基础上。为了进一步加强流浪儿童的救助工作，2006 年初，民政部等中央十九部委发布了《关于加强流浪未成年人工作的意见》。2007 年，民政部与国家发改委联合制定了《“十一五”流浪未成年人救助保护体系建设规划》和《关于流浪未成年人救助保护设施建设的指导意见》。这两个文件对我国现有的流浪儿童救助工作经验予以了充分肯定，对我国未来流浪儿童的救助工作提出了总体性的规划。针对流浪儿童救助自愿性问题，在《关于加强流浪未成年人工作的意见》中明确指出：“公安机关对于执行职务时发现的流浪、乞讨未成年人，打击犯罪行动中解救的未成年人，以及有轻微违法行为但根据有关规定不予处罚且暂时无法查明其父母或其他监护责任人的未成年人等，应当及时将他们护送到流浪未成年人救助保护机构接受救助。”所有被送进救助机构接受救助的流浪儿童，未经同意，不得擅自脱离救助机构。在救助机构内，救助机构对受助对象享有一定的管理权限。为了防止机构内流浪儿童的擅自出走，采用保护性救助模式的机构都采取了一定的防范、保安措施，在一定程度上约束了机构内流浪儿童自由活动的时间与空间。[1]

---

[1] 程福财：《中国流浪儿童福利政策的绩效：基于流浪儿童视角的分析》，《社会科学》，2009 年第 4 期。

尽管各地地方政府都要在中央规定的基本原则和遵守相关法律规定的条件下开展流浪儿童救助保护工作，但是，由于各地的经济条件、流浪儿童的实际情况以及社会文化传统差异等原因，流浪儿童救助保护工作模式也有一定的差异，比较典型的有：（1）郑州模式，其特点是与国际接轨，探索专业性救助之路。2001 年，民政部与联合国儿童基金会一致同意，在郑州开放一种新的流浪儿童康复模式，即以权利为基础、以尊重儿童最大利益为原则的模式。该模式以救助保护流浪少年中心为依托，以社区预防和社会调研为基础，以流动救助车、固定救助亭、全天候救助点、类家庭、家庭寄养、救助小学、技能培训、高校社工合作、跟踪回访、网络服务、定期评估为手段，建立健全综合性、多功能的流浪少年儿童救助保护体系。（2）北京模式，其特点是与专业院校合作，探索发展性救助。北京市作为首都，流浪儿童问题比较突出，尤其是有大量的外来流浪儿童。从 2005 年年初起，北京市未成年人救助保护中心与中国青年政治学院社会工作系达成了“校站”合作意向。该校社工专业的大学生组成志愿者团队，进驻未成年人救助保护中心，利用所学专业知识和技能，来解决流浪儿童的各种心理和行为问题。（3）上海模式，其特点是融入工读教育，回归校园。以工读学校为载体开展流浪儿童救助是上海市流浪儿童救助工作的特色之一。其优势在于借助工读学校原有的硬件资源，如校舍、师资、管理经验等，降低流浪儿童救助工作成本。同时，还使正在萎缩的工读学校职能得以延伸。（4）广东模式，其特点是创建“类学校”，集中救助。广东省是我国外来务工人员最多的省份，流浪儿童问题比较突出。广东省结合地区实际，通过对原有收容站的改造，对较长时间无法返家的儿童进行集中救助管理，尝试通过“类学校”环境的创设，帮助流浪儿童回归社会。（5）新疆模式，其特点是应对突出的犯罪问题，建立地区特色的救助矫治工作方式。新疆地区流浪儿童问题尤其突出，并且大多数流浪儿童被一些不法分子控制进行犯罪活动。针对新疆流浪儿童的特殊性，新疆维吾尔族自治区政府于 1999 年成立了流浪儿童救助保护中心。与此同时，为了配合全国各地新疆流浪儿童恶性案件的侦破工作，自治区政府又于 2006 年成立了新疆少年儿童救助中心，设立在自治区劳教所，由公安部门直接管理。救助中心由公安、司法、民政三个部门联合管理，目的是为了减少新疆流浪儿童重复流浪、受人唆使并从事违法犯罪活动的机会，从而起到救助和保护的作用。[1] 除了政府救助之外，很多国内民间组织和国际组织也开展了大量流浪儿童救助工作。例如，世界宣明会、国际计划、英国救助儿童会等国际组织很早就在中国开展流浪儿童救助工作。北京市的太阳城等民间组织也较早开展了流浪儿童救助工作。这些组织救助方式更加人性化，特别是具有国际背景的救助组织的专业水平更高，他们开展的流浪儿童的救助保护工作一定程度上分担了政府的责任。

政府办的流浪儿童的机构救助本身也有一定的问题。例如，进入救助站或儿童保护中心后，流浪儿童基本上丧失了自由活动的空间。救助站或儿童保护中心的救助行为是临时性的，其最终目标是尽快将流浪儿童送回家庭，这导致机构救助只重视生活照顾而忽视流浪儿童的教育，以及帮助他们回归家庭和社会等。针对机构救助的弊病，一些地方探索了针对流浪儿童的其他形式的救助活动。例如，英国救助儿童会根据安徽广德、黑龙江巴彦福利院开展的家庭寄养模式，在参考蒙古、丹麦、荷兰等国民间慈

[1] 鞠青等：《中国流浪儿童研究报告》，人民出版社 2008 年版，第 93—105 页。

善机构开展的流浪儿童寄养方式和中国流浪儿童参与的基础上，提出了“大房子”救助模式。在郑州、云南等地，一些救助站和非政府组织还采用“类家庭”的方式救助流浪儿童。“类家庭”是类似于家庭的集寄养、看护、教育于一体的家庭式救助，通过对流浪儿童行为与思维方式的影响和干预，通过重新回到家庭的再社会化过程为今后融入社会独立生活做准备。此外，针对不愿意进儿童保护中心的流浪儿童，一些地方还建立了“全天候街头救助点”。这些“全天候街头救助点”是完全开放式的，不仅为流浪儿童提供饮食、休息、洗澡、医疗、咨询等服务，而且有电视、电脑、儿童读物等多项娱乐活动，他们可以随时来去，不受任何约束。

二、非机构的困境儿童福利

过去我们所说的特殊儿童主要是指那些生活在机构中的儿童。当前，中国的特殊儿童的内涵实际上已经有所拓展。很多享受国家福利的特殊儿童并没有生活在机构中，因此有人主张这类儿童应该称为困境儿童，包括社会散居孤儿、家庭照料的残疾儿童、受艾滋病影响的儿童、贫困家庭儿童等。

（一）社会散居孤儿基本生活费制度

在计划经济时代，农村孤儿的养育主要是通过农村“五保”供养制度来实现。改革开放后，一些地方的“五保”供养政策、经费落实出现了一定困难，而孤儿又是最弱小且几乎没有权利诉求能力的群体。根据2005年民政部救灾救济司和北京师范大学社会发展与公共政策研究所公布的《我国孤儿的现状与面临的困境》调查显示，全国18周岁以下父母双亡及事实上无人抚养的孤儿共计57.3万人，其中接近总数1/3的孤儿没有得到经常性的制度救助。在占总数绝大多数的农村孤儿(49.5 万人，占孤儿总数的 86.2%) 中，得到的救助比城市孤儿少得多。在农村，有 12.5 万人享受农村“五保待遇”，占农村孤儿总数的 25.71%，平均补助标准为每人每年 1 191.1 元，其中广西、贵州、湖南等省区的孤儿每人每年救助额度不足 600 元。[1] 针对大量孤儿（特别是广大农村孤儿）事实上无保障的状况，国家开始调整孤儿救助的方向和政策。2006 年上半年，民政部会同国家发展和改革委员会、财政部等 14 个部门联合印发《关于加强孤儿救助工作的意见》（以下简称《意见》)。《意见》明确界定了新形势下儿童福利保障的对象包括两部分：一是失去父母的未成年人，不仅包括机构内集中养育的孤儿、弃婴，同时也包括社会上的散居孤儿；二是事实上无人抚养的未成年人、流浪儿童、无人抚养的服刑人员未成年子女等困境儿童，救助范围比过去大为扩展。到了 2008 年，民政部办公厅下发了《关于制定孤儿最低养育标准的通知》（以下简称《通知》)。《通知》制定了全国统一的社会散居孤儿最低养育标准，要求对城乡孤儿发放儿童福利津贴。可以说，这是孤儿福利制度历史性的进步。从保障对象上看，儿童福利不再局限于福利机构内集中养育的孤儿、弃婴，而是拓展到所有失去父母、事实上无人抚养的儿童。从保障方式上看，孤儿救助从一般意义上以家计调查为基础的“社会救助”转变对“孤儿”这一特定类型的群体实施全覆盖的保障，只需确认其身份属孤儿，即予津贴，不用对其家庭收入、劳动能力等其他指标进行核算或评估。

2010 年 11 月 26 日，民政部会同财政部下发了《民政部财政部关于发放孤儿基本生活费的通知》（以下简称《通知》)（民发

[1] 尚晓媛：《中国弱势儿童群体保护制度》，社会科学文献出版社 2008 年版，第 183、185 页。

〔2010〕161 号），决定自 2010 年 1 月起为全国孤儿发放基本生活费。中央财政 2010 年安排 25 亿元专项补助资金，对东、中、西部地区孤儿分别按照月人均 180 元、270 元、360 元的标准予以补助。以后年度按民政部审核的上年孤儿人数及孤儿基本养育需求，逐年测算安排中央财政补助金额。各地财政部门要统筹安排中央补助和地方资金，建立孤儿基本生活最低养育标准自然增长机制。其中，省级标准最高的是北京市，两项标准分别达到 1 600 元和 1 400 元。除中央补助的部分外，资金均由各级地方财政负担。该标准意味着中国孤儿每年至少可从政府领取 7 200 元现金津贴，而在北京儿童福利院的每个孤儿每年可领取的津贴达 1.92 万元。同时，《通知》还对孤儿基本生活费申请、发放程序，资金管理以及监督指导等方面都作了明确规定。孤儿基本生活费的发放实现了我国儿童福利制度的重大转型，国家对孤儿生活的保障真正从院内扩大到院外，从实物救助转向现金救助。因此，2010 年被业内人士称为中国的"儿童福利元年"。以下是部分地区孤儿生活费标准（表 6.4）。

表 6.4　各地孤儿基本生活费标准和执行情况

时间	地区	标准	政策文件
2013 年	广西壮族自治区	按照散居孤儿每人每月 600 元、机构抚养孤儿每人每月 1 000 元的标准发放。	《广西壮族自治区孤儿基本生活费专项补助资金管理办法》
2012 年	山东省	社会散居孤儿每人每月不低于 600 元、福利机构集中供养的孤儿每人每月不低于 1 000 元。具体标准由各市政府按照不低于当地平均生活水平的原则确定，并建立孤儿基本生活费标准自然增长机制。	山东省民政厅 山东省财政厅《关于发放孤儿基本生活费的通知》（鲁民〔2010〕62 号）

续表

时间	地区	标准	政策文件
2013年	江西省	城乡福利机构抚养孤儿的基本生活保障标准由每人每月1 000元提高到1 100元，城市和农村散居孤儿的基本生活保障标准由每人每月570元和400元统一提高到每人每月700元，分别增加130元和300元。	《关于认真做好2013年度城镇“三无”特困群众供养标准和孤儿基本生活保障标准提标工作的通知》(赣民字〔2013〕35号)
2013年	浙江省慈溪市	2013年福利机构养育的孤儿基本费标准为17 880元(月标准1 490元)，社会散居孤儿年基本生活费标准为10 800元(月标准900元)。	慈溪市民政局、财政局《关于发放孤儿基本生活费的通知》(慈民救〔2011〕54号)
2011年	浙江省杭州市	福利机构养育的孤儿年基本生活费标准按不低于当地上年度城镇居民家庭人均消费性支出的70%确定。以2010年我市城镇居民人均消费性支出20 219元的70%计算，每名机构养育孤儿全年养育标准为14 160元，平均每月1 180元。社会散居孤儿年基本生活费标准按不低于当地福利机构孤儿基本生活费标准的60%确定，散居孤儿全年养育标准为8 520元，平均每月710元。	《浙江省民政厅、浙江省财政厅转发民政部、财政部关于发放孤儿基本生活费的通知》(浙民福〔2011〕41号)
2014年	浙江省宁波市	市区福利机构养育的孤儿基本生活费标准由原来每人每月1 360元调整为每人每月1 440元，社会散居孤儿的基本生活费标准由原来每人每月820元调整为每人每月870元。各县(市)按照孤儿生活不低于当地平均生活水平原则和孤儿基本生活费标准自然增长机制，自行作出调整。	《宁波市民政局宁波市财政局关于发放孤儿基本生活费的通知》

续表

时间	地区	标准	政策文件
2011 年	安徽省	社会散居孤儿每人每月不低于 600 元，福利机构集中供养孤儿每人每月不低于 1 000 元。鼓励有条件的市、县（区）适当提高标准。	《安徽省孤儿基本生活费发放办法》（民福函〔2011〕81 号）
2011 年	广东省	社会散居孤儿每人每月 600 元，福利机构集中供养孤儿每人每月 1 000 元。孤儿养育标准包含伙食费、服装被褥费、日常用品费、教育费、基本医疗费和康复费，不包含儿童大病医疗救助费、寄养家庭劳务费等。各市、县（市、区）应按照当地居民平均生活水平以及不低于全省孤儿最低养育标准的原则，确定当地的具体养育标准，并按照上一年当地城镇居民及农村居民人均消费性支出的增长幅度，确定当年的养育标准，建立孤儿基本生活费的自然增长机制。	《广东省民政厅广东省财政厅关于发放孤儿基本生活费的通知》（粤民福〔2011〕22 号）
2011 年	青海省	①社会福利机构养育孤儿发放标准为每人每月 1 000 元，社会散居孤儿发放标准为每人每月 600 元。孤儿基本生活费包括儿童伙食费、服装被褥费、日常用品费、教育费、基本医疗费及康复费，但不包含大病医疗费用、寄养家庭劳务费等。 ②事实上无人抚养补助标准为每人每月 150 元。	关于加强孤儿保障工作的实施意见》（青政办〔2011〕94 号）

续表

时间	地区	标准	政策文件
2012 年	天津市	福利机构孤儿和社会散居孤儿每人每月为 1 440 元。	《天津市民政局、天津市财政局关于发放孤儿基本生活费的实施办法》
2011 年	四川省	社会散居孤儿每人每月 600 元，机构供养孤儿每人每月 1 000 元，市州对各县的补助标准由各市州自主确定。各地根据当地生活水平和财力情况，可适当提高最低养育标准。	《四川省民政厅、四川省财政厅关于发放孤儿基本生活费的通知》
2013 年	四川省成都市	机构养育孤儿最低养育标准从原来的每人每月 1 000 元提高到现在的 1 130 元，社会散居孤儿最低养育标准由原来的每人每月 600 元提高到 678 元。	《四川省民政厅四川省财政厅关于提高我省孤儿基本生活最低养育标准的通知》(川民发〔2013〕61 号)

从上表中可以，各地孤儿基本生活费制度都是从 2011 年起正式建立。并且，无论各地区经济状况如何，孤儿基本生活费都遵照福利机构孤儿每月不少于 1 000 元、社会散居孤儿每月不少于 600 元的标准。一般来说，发达省市的标准要明显高于欠发达省市。例如，2011 年浙江省杭州市福利院孤儿的标准为每人每月 1 180，社会散居孤儿为 710，而同期青海省福利机构孤儿的标准为每人每月 1 000 元，社会散居孤儿为 600 元。同样，孤儿基本生活费标准在省内不同地区也根据经济发展水平和当地生活水平存在差距。例如，2013 年浙江省宁波市福利机构养育的孤儿基本生活费标准为每人每月 1 360 元，社会散居孤儿的基本生活费标准为每人每月 820 元。

而同期浙江省慈溪市福利机构养育的孤儿年基本生活费标准为每人每月 1 490 元，社会散居孤儿为每人每月 900 元。另外，基本生活费的调整主要是根据地方财政状况、生活水平来进行的，一些文件还规定按照上一年当地城镇居民及农村居民人均消费性支出的增长幅度，确定当年的养育标准，建立孤儿基本生活费的自然增长机制。

（二）家庭照顾的残疾儿童医疗康复

残疾儿童中除了部分孤儿和被遗弃儿童由福利机构照顾之外，大部分都是由家庭照顾。根据第二次中国残疾人调查的结果，我国残疾儿童的数量在 500 万左右。而 2013 年民政部《社会服务发展公报》上说全国儿童福利机构集中供养孤儿 9.4 万人。也就是说，即使福利机构中的儿童全部是残疾儿童，国家供养的规模也只有不到残疾儿童总数的 2%。为了保障残疾儿童的基本权利以及他们的健康成长，国家也制定了很多相应的福利政策。医疗与康复对残疾儿童发展有重要影响。医疗康复也是很多残疾儿童家庭生活的一个重要组成部分。医疗康复又可以具体分为残疾预防、医疗保障和康复三个环节。

1. 残疾预防。

国家对于先天性残疾的预防工作主要集中在妇幼保健和儿童营养的改善。目前全国各地县以上普遍建立了妇幼保健院和爱婴医院，基本实现了婚前检查和婚前保健制度。同时建立了孕妇孕产期保健制度和档案，实行 0—14 岁儿童计划免疫的措施，极大地提高了儿童的健康水平。2000 年开始，“降低孕产妇死亡和消除新生儿破伤风”项目的实施，极大降低了儿童死亡率。卫生部 2008 年 12 月发布《新生儿疾病筛查管理办法》，2009 年又印发《农村孕产妇住院分娩补助项目管理方案》，这些措施的主要目标就是防止儿童出生残疾的发生。我国政府还为保护、促进和支持母乳喂养做了大量的工作。早在

1995年6月卫生部颁布了《母乳代用品销售管理办法》，严格了母乳代用品生产及销售市场。2007卫生部年又颁布《婴幼儿喂养策略》，2010年颁布《辅食营养补充品通用标准》，这些措施都推动了婴幼儿营养的改善工作，对于减少儿童残疾的发生有重要意义。

2. 医疗保障。

残疾儿童通常都患有一些重大疾病或罕见疾病，对残疾儿童治疗是一个长期的过程，这需要耗费家庭大量资金，很多贫困家庭因为难以承受高额医疗费用往往放弃对残疾儿童的治疗。为了解决残疾儿童的医疗保障问题，卫生部、民政部于2010年6月印发《关于开展提高农村儿童重大疾病医疗保障水平试点工作的意见》，旨在通过新农合和医疗救助等各项医疗保障制度的紧密结合，探索有效的补偿和支付办法，提高对农村患重大疾病儿童的医疗保障水平。中国目前很多地区已将儿童纳入城镇居民医疗保险与农村合作医疗范围，以解决儿童的医疗费用问题。从客观效果来看，这样能有效缓解儿童的“就医难”及家庭“因病致贫”、“因病返贫”等问题。另外，我国地方政府、相关社会组织也分别针对儿童大病问题，制定了少儿医保政策、少儿住院互助基金及社会组织专项医疗救助基金等措施来解决儿童医疗问题。

3. 康复。

康复问题是残疾儿童家庭面临的最大挑战。残疾儿童的康复是长期的，很多儿童需要终生康复，这不仅需要大量资金支持，而且也需要家庭付出大量时间和精力去照顾残疾儿童。另外，儿童康复还有时间性特征。很多残疾类型（例如自闭症、脑瘫等）如果错过了儿童时期最佳康复时间，在成年后再进行康复将很难取得良好的效果。国家很早就对残疾儿童康复工作非常重视。根据国务院新闻办发布的《1998年中国人权事业的进展》，到1998年为止，中国共建立康复中心（站点）3 371 个，10 年内已有 416 万残疾人得到不同程度的康复，其中 9 万聋儿开口说话，60 万小儿麻痹后遗症患者经矫治手术改善了功能，14 万智力残疾儿童通过康复训练增强了认知和自理能力。为了进一步加强残疾人的康复，2002 年，国务院办公厅转发卫生部等部门《关于进一步加强残疾人康复工作的意见》（国办发〔2002〕41 号），提出了到 2015 年残疾人实现“人人享有康复服务”的目标。2005 年 11 月，民政部、卫生部、中国残联下发《关于开展全国残疾人社区康复示范区培育活动的通知》提出，为更好地指导各地积极推进残疾人社区康复示范区培育活动，提高残疾人社区康复服务水平，城市社区卫生服务中心、乡镇卫生院要根据康复服务需求设立康复室，配备适宜的康复设备和人员，并实施 0—6 岁残疾儿童免费抢救性康复项目，建立残疾儿童抢救性康复救助制度，有条件的地区逐步扩大康复救助范围。到 2013 年，全国在 901 个市辖区和 2 014 个县（市）开展了社区康复工作，累计已建社区康复站的社区总数 21.4 万个，配备 37.9 万名社区康复协调员。1 458 个县的 1 844 个医疗卫生机构陆续开展残疾儿童筛查工作，年度新诊断 0—6 岁残疾儿童 5 万人。建立肢体残疾康复训练服务机构 1 927 个，其中，省级康复机构 39 个，地市级、县级康复机构 1 888 个；实施救助项目资助 3.5 万名脑瘫儿童进行机构康复训练，资助 6 721 名贫困肢体残疾儿童实施矫治手术；建立了 34 个省级孤独症儿童康复训练机构，1.7 万名孤独症儿童在各级机构进行了康复训练。[1] 除了残联系统之外，国务院印发《中国儿童发展纲要 (2011—2020 年)》也提出残疾儿童康复的具体规划：具体包括建立 0—6 岁残疾儿童登记制度，对贫困家庭残疾儿童基本康复需求按规定给予

[1] 中国残疾人联合会：《2013 年中国残疾人事业发展统计公报》（残联发〔2014〕29 号），http://www.gov.cn/xinwen/2014-03/31/content_2650048.htm。

补贴；优先开展残疾儿童抢救性治疗和康复，提高残疾儿童康复机构服务专业化水平；以专业康复机构为骨干、社区为基础，以家庭为依托建立残疾儿童康复服务体系，加强残疾儿童康复转介服务，开展多层次职业培训和实用技术培训，增强残疾儿童生活自理能力、社会适应能力和平等参与社会生活的能力等。

为了优先开展残疾儿童抢救性治疗和康复，使残疾儿童得到康复救助。2011 年至 2015 年，中央财政安排了专项补助资金，支持各地实施“残疾儿童康复救助项目”。为保证该项目顺利实施，国家还制定了《残疾儿童康复救助“七彩梦行动计划”实施方案》（以下简称《行动计划》)。《行动计划》的资助对象包括符合条件的城乡有康复需求的贫困残疾儿童，其中优先资助城乡低保家庭的贫困残疾儿童。资助的残疾类型包括听力残疾、肢体残疾、孤独症和脑瘫。资助范围和数量是：（1）听力语言残疾儿童。为 16 865 名中低收入家庭聋儿配发人工耳蜗产品，补助人工耳蜗手术、术后调机和术后康复训练经费，总计金额 161 900 万元；为 18 000 名贫困聋儿配发助听器，补助康复训练经费，总计金额 32 400 万元。两项共计 194 300 万元。（2）肢体残疾儿童。为 15 000 名贫困肢体残疾儿童实施矫治手术、康复训练、装配矫形器给予补助，总计金额 25 800 万元。（3）脑瘫儿童。为 30 000 名贫困脑瘫儿童康复训练、装配矫形器给予补助，总计金额 39 600 万元。（4）孤独症儿童。为 36 000 名贫困孤独症儿童康复训练给予补助，总计金额 43 200 万元。（5）辅助器具。为 21 200 名贫困残疾儿童装配假肢矫形器、126 000 名贫困残疾儿童适配辅助器具给予补助，总计金额 29 500 万元。[1]《行动计划》出台后，各省、

---

[1] 《残疾儿童康复救助“七彩梦行动计划”实施方案》，中华人民共和国中央人民政府网站：http://www.gov.cn/fwxx/cjr/content_2440510.htm。

自治区、直辖市都根据各地实际情况和中央分配的资金数量制定了具体实施方案。例如，江苏省制定的《国家残疾儿童康复救助"七彩梦行动计划"江苏省实施方案》规定，要为624名中低收入家庭聋儿配发人工耳蜗产品，补助人工耳蜗手术、术后调机和术后康复训练经费；为640名贫困聋儿配发助听器，补助康复训练经费，两项总计7 142.4万元；为430名贫困肢体残疾儿童实施矫治手术、康复训练、装配矫形器给予补助，总计金额739.6万元；为1 600名贫困脑瘫儿童康复训练、装配矫形器给予补助，总计金额2 112万元；为1 450名贫困孤独症儿童康复训练给予补助，总计金额1 740万元；2011、2012年为370名贫困残疾儿童装配假肢矫形器、2 420名贫困残疾儿童适配辅助器具给予补助，总计金额548万元。除了使用中央财政资金推动残疾儿童康复之外，一些地方政府也实施了自己残疾儿童康复救助项目。例如，2014年安徽省新出台的《2014年贫困残疾人康复工程实施办法》，明确各类残疾儿童的康复训练补贴资金中，均包含残疾儿童和家长的生活补贴。其中，聋儿、脑瘫、智障、孤独症儿童的训练资金中应安排不低于2 000元，肢体矫治手术儿童训练资金中应安排不低于1 000元，用于训练期间的生活补贴。

（二）残疾儿童的教育保障

受教育是残疾儿童的一项基本权利，受教育情况会对残疾儿童一生的发展产生重要影响。根据"第二次全国残疾人抽样调查"10%的数据分析结果，2006年中国6—14岁残疾儿童接受义务教育的比重为62%，这表明残疾儿童的入学率远低于非残疾儿童。在残疾学龄儿童中，32.12%的农村残疾儿童和36%的城镇残疾儿童没有接受过任何教育。这表明，中国残疾儿童接受教育的比例总体是很低的。残疾儿童本来就是社会的弱势群体，如果没有接受良好的教育，将会进一步加剧他们的弱势地位，使得他们未来融入社会更加困难。从实践的角度来看，中国还是非常重视残疾儿童的教育问题的，这主要表现在以下几个方面。

1. 残疾儿童教育立法。

在过去十几年中，中国很多与残疾儿童教育有关的法律、法规陆续出台或重新修订，为残疾儿童接受教育提供法律保障，其中最重要的有：1989 年的国务院办公厅转发国家教委等部门《关于发展特殊教育的若干意见》，规定了特殊教育的方针与政策、目标与任务、领导与管理等，这是我国特殊教育方面最重要的政策文件之一。在残疾儿童的教育扶持方面，中国残联与教育部 1994 年共同颁布《关于开展残疾儿童少年随班就读工作的试行办法》，其中要求各地要积极开展和落实随班就读工作，积极推动残疾儿童的融合教育。此外，在一些综合性的教育及残疾人法律中也包含了有关残疾儿童教育的内容，这些政策主要包括 1986 年第六届全国人民代表大会第四次会议通过的《中华人民共和国义务教育法》（2006 年修订）、中共中央和国务院 2008 年颁布的《关于促进残疾人事业发展的意见》、1990 年第七届全国人民代表大会常委会通过的《中华人民共和国残疾人保障法》（2008 年修订）等。这些法律和政策都对残疾儿童教育福利供给、提高残疾儿童的入学率起到了重要作用。

2. 融合教育和特殊教育。

残疾儿童接受教育包括两种情况，一是与正常儿童一起随班就读，接受融合教育；二是在专门为残疾儿童举办的特殊教育学校接受教育。随班就读是基于全纳理念让残疾儿童在普通教育机构中和普通儿童一起接受教育。随班就读可以在教育经费较少的情况下极大地提高残疾儿童的入学率。我国融合教育的发展实际上是在20世纪80年代才开始兴起的。在这之前，在特殊教育学校接受教育的儿童实际上处于一种隔离状态，并且很容易被贴上标签。由于特殊教育学校比较少，残疾儿童接受教育的机会也很少。随着对特殊教育研究的深入，理论界、政府和社会开始掀起了一场“回归主流”的运动，尽可能让残疾儿童进入普通学校接受教育，使他们更好地适应正常生活。1988年，教育部根据我国特殊教育发展方针和多年教育实践发展的经验提出，“坚持多种形式办学，逐步形成以一定数量的特殊教育学校为骨干，以大量的特殊班和随班就读为主体，进行残疾儿童少年教育的新格局”。1989年在总结了全国第一次特殊教育工作会议经验的基础上，国务院办公厅转发了国家教委等八部委《关于发挥特殊教育若干意见》，在确立了发展特殊教育基本方针的同时，提出了在普通学校附设特教班和残疾儿童在普通班随班就读的新形式。至此，中国残疾儿童教育的“三轨”体制正式建立，残疾儿童教育也由单纯的以特殊教育学校培养向以随班就读为主体的多种办学形式发展。

从表6. 5可以看出，从1996年开始，在普通学校随班就读的残疾学生一直在七成以上，而在特教学校和特教班就读的残疾学生不到三成。因此,残疾儿童随班就读是我国残疾儿童教育的主流。但值得注意的是，随班就读的比例在1998年时达到最高峰78%以后开始缓慢下降，到2008年已经下降到了71%，这可以说明我国特殊教育事业取得了进一步的发展，但也可以解读为全纳教育有一定程度的下滑。

表 6.5　1996—2008 年中国不同办学形式中残疾学生比例[1]

年份	特教学校、特教班就读学生占总在校残疾学生的比例	普通学校随班就读学生占总在校残疾学生的比例
1996	23%	77%
1997	24%	76%
1998	22%	78%
1999	23%	77%
2000	22%	77%
2001	25%	75%
2002	25%	75%
2003	27%	73%
2004	27%	73%
2005	28%	72%
2006	29%	71%
2007	28%	72%
2008	29%	71%

虽然随班就读可以解决很多残疾儿童入学问题，但是不能满足所有残疾儿童的教育需求。传统的特教学校，如盲人学校或聋哑人学校，通过提供特殊服务可以满足他们的教育需求。此外，随班就读的对象不包括脑瘫、自闭症、中度智障、重度肢残儿童，因为这些儿童很难在普通学校融入正常的学习生活。因此，一些特殊的教育机构可以一定程度上为他们提供教育服务。在发展随班就读的同时，中国的特殊学校教育事业发展也取得了显著成就。表 6.6 是 1978 年到 2012 年中国特殊教育学校、特殊教育专任教师、特殊教育学校招生和特殊教育学校在校生的数量情况。

[1] 陈云凡：《中国特殊教育发展报告》，载郑功成主编：《中国残疾人事业发展报告》，人民出版社 2011 年版，第 71 页。

表 6.6　1978—2012 年中国特殊教育事业发展情况

年份	特殊教育学校数量（所）	特殊教育学校专任教师数量（万人）	特殊教育学校招生数量（万人）	特殊教育学校在校生数量（万人）
1978	292	0.4	0.6	3.1
1980	292	0.5	0.6	3.3
1985	375	0.7	0.9	4.2
1990	746	1.4	1.6	7.2
1995	1 379	2.5	5.6	29.6
2000	1 539	3.2	5.3	37.8
2001	1 531	2.9	5.6	38.6
2002	1 540	3.0	5.3	37.5
2003	1 551	3.0	4.9	36.5
2004	1 560	3.1	5.1	37.2
2005	1 593	3.2	4.9	36.4
2006	1 605	3.3	5.0	36.3
2007	1 618	3.5	6.3	41.9
2008	1 640	3.6	6.2	41.7
2009	1 672	3.8	6.4	42.8
2010	1 706	4.0	6.5	42.6
2011	1 767	4.1	6.4	39.9
2012	1 853	4.4	6.6	37.9

资料来源：《中国统计年鉴（2013）》电子版，http://www.stats.gov.cn/tjsj/ndsj/。

从上表可以看出，特殊教育学校的数量、师资、招生数和在校生数量都呈现不断增长的趋势。特殊教育学校的数量从 1978 年的 292 所增加到 2012 年的 1 853 所，特殊教育学校专任教师数量由 1978 年的 0.4 万增加到了 2012 年的 4.4 万，特殊教育学校的招生数量从 1978 年的 0.6 万增加到 6.6 万，特殊教育学校的在校生数量从1978年的3.1万增加到了2012年的37.9万，师资和学生数都增长了10倍以上。另外，根据2013年《中国残疾人事业发展统计公报》，目前全国已开办特殊教育普通高中班（部）194个，在校生7 313人；其中聋高中125个，在校生5 704人；盲高中27个，在校生1 609人。残疾人中等职业学校（班）198个，在校生11 350人，毕业生7 772人，其中6 200人获得职业资格证书。全国有7 538名残疾人被普通高等院校录取，1 388名残疾人进入特殊教育学院学习。截至2013年底，全国有未入学适龄残疾儿童少年8.4万人，其中视力残疾儿童0.5万人，听力残疾儿童0.5万人，言语残疾儿童0.5万人，肢体残疾儿童2.6万人，智力残疾儿童2.6万人，精神残疾儿童0.3万人，多重残疾儿童1.2万人。[1]

（四）受艾滋病影响儿童的救助保护制度

我国目前在实践上一般将受艾滋病影响的儿童统称为艾滋孤儿。国际上通常认为受艾滋病影响的儿童包括三种情况：父母双方都死于艾滋病的孤儿、父母双方均为艾滋病感染者的儿童、父母一方还健在但为艾滋病感染者的单亲家庭中的儿童。我国艾滋孤儿问题的形成主要是由于20世纪80年代末、90年代中前期不规范的采供血行为造成部分群众感染艾滋病。2005年时，中国有艾滋病病毒感染者近84万人，其中艾滋病患者约8万例。已有7.8万个孩子因为艾滋病而失去了双亲或单亲。[2]受艾滋病影响的儿童是极其脆弱的群体，这主要表现在两个方面：第一，基本生活难以保障。由于父亲或母亲感染艾滋病病毒或成为

[1] 中国残疾人联合会：《2013年中国残疾人事业发展统计公报》（残联发〔2014〕29号），http://www.gov.cn/xinwen/2014-03/31/content_2650048.htm。

[2] 安宁：《中国现行艾滋孤儿救助安置政策》，《社会福利》，2005年第4期。

艾滋病病人，要支付昂贵的治疗费用，这对于一般家庭来说是一笔沉重的负担。而我国艾滋孤儿中有相当一部分来自农村地区因卖血而感染艾滋病的农民家庭，他们本身就是农村极端贫困的群体。第二，面临社会歧视和排斥。这些歧视和排斥会给儿童造成严重影响。例如，亲戚、朋友由于害怕而不提供钱物援助和其他帮助，不敢给病人心理安慰；艾滋孤儿受到社区居民的疏离，使他们得不到同辈群体的友爱，难以建立正常的人际交往；由于对艾滋病的恐惧，很多人拒绝收养艾滋病孤儿；艾滋孤儿在学校也很可能被孤立，如同学拒绝与其玩耍，不让其参加集体活动等。

面临失去父母的打击和生活的极端贫困，再加上社会上对艾滋病的偏见和恐惧，艾滋孤儿的生存环境已处于社会最边缘的境地。随着艾滋孤儿数量的增加，他们将引发一系列的社会问题。为了妥善救助安置艾滋孤儿，我国政府先后出台了很多政策，采取了很多措施，主要包括以下几点。

第一，国务院《关于切实加强艾滋病防治工作的通知》（国发〔2004〕7号）要求，地方各级人民政府要将经济困难的艾滋病患者及其家属纳入政府救助范围，按有关社会救济政策的规定给予必要的生活救济，并通过多种形式和渠道解决艾滋病患者遗孤免费义务教育问题。

第二，民政部《关于加强对生活困难的艾滋病患者、患者家属和患者遗孤救助工作的通知》（民函〔2004〕11号）指出，对于农村居民中符合救助条件的已故艾滋病患者的孤老和孤儿，要根据《农村五保供养工作条例》的要求，实行“五保”供养。对于城镇地区已故艾滋病患者的遗孤，也要按照国务院《城市居民最低生活保障条例》的要求，根据救助对象的情况，分别给予全额享受和差额享受低保金待遇，其中的“三无”人员，符合条件的要由福利机构依法供养。同时，要给予经济困难的艾滋病患者必要的医疗救助。

第三，2003 年，中国政府提出了“四免一关怀”政策，即国家实施艾滋病自愿免费血液初筛检测；对农民和城镇经济困难人群中的艾滋病患者实行免费抗病毒治疗；对艾滋病患者遗孤实行免费就学；对孕妇实施免费艾滋病咨询、筛查和抗病毒药物治疗；将生活困难的艾滋病患者及其家庭纳入政府救助范围。“四免一关怀”政策将艾滋孤儿的教育问题、艾滋家庭的生活问题纳入救助范围，以制度的形式固定下来，无疑是对艾滋病人及其家庭救助过程中的一大进步。尽管对于艾滋孤儿的关怀是依附于其父母感染艾滋病的程度，但值得注意的是，考虑到未来因艾滋孤儿无法正常社会化所出现的影响社会稳定的因素，救助政策已经照顾到艾滋孤儿层面。

第四，2009 年 3 月 6 日，民政部出台了《民政部关于进一步加强受艾滋病影响儿童福利保障工作的意见》(民发〔2009〕26 号)(以下简称《意见》)，要求各地贯彻落实国务院《艾滋病防治条例》、《中国遏制与防治艾滋病行动计划(2006—2010)》以及民政部等 15 个部门《关于加强孤儿救助工作的意见》，进一步加强受艾滋病影响儿童的福利保障工作，在做好受艾滋病影响儿童福利保障工作方面提出五个具体意见：一是要制定艾滋病致孤儿童的基本生活不低于当地平均生活水平的养育标准。二是要为受艾滋病影响的儿童提供与其他儿童均等的受教育机会。三是要为受艾滋病影响的儿童提供便利的基本医疗条件。四是要建立受艾滋病影响儿童的就业和生活服务制度。五是要采取多种形式妥善安置艾滋病致孤儿童。《意见》的出台标志着我国对艾滋孤儿的救助不再是简单的生活保障，而是涉及教育、医疗和就业等方面的综合救助体系。

艾滋孤儿救助在实践上不仅仅是民政部门一家的事情，各地针对艾滋孤儿的救助实践往往包括了民政、卫生、教育等部门的合作。例如，有学者2008年7月对河南省和湖北省艾滋病高发区的民政、教育、医疗卫生部门相关负责人进行了访谈调查研究发现：民政部门的工作包括将经济救助以发放生活补助的形式发放到每名艾滋孤儿的实名银行卡上，负责艾滋孤儿基本安置工作，如收养、集体供养、家庭寄养。教育部门的工作包括艾滋孤儿在小学和初中阶段享受“两免一补”政策，即减免学费、杂费，补助每人每年住宿费200元。初中毕业后不再就读高中者可参加职业技术培训，学制半年至两年不等，学习期间一切费用由当地民政部门承担，且解决吃住问题。卫生部门的工作包括：凡持有《就医证》的艾滋孤儿，就医均在免费范围内。艾滋孤儿家庭全部免费加入新型农村合作医疗，每年享受300元保险金。市政府为每名艾滋孤儿购买人身保险，另外还为艾滋孤儿建立了体检制度，每年1—2次。村委会积极发动村民对生活困难的艾滋孤儿家庭进行物质帮扶，村干部带头领养艾滋孤儿，并配合民政部门妥善安置艾滋孤儿；协助卫生部门宣传艾滋病预防知识；同时负责本村艾滋孤儿的在册登记、带领随访等工作。[1] 由此可见，国家对于受艾滋病影响的儿童的救助是当作一个系统工程来操作的。

在艾滋孤儿的安置模式方面，最为关键的因素是尽量解决艾滋孤儿的抚养问题。总体来看，艾滋孤儿的安置无非家庭寄养、收养、集中供养、安置指导中心等方式。从社会风险角度分析，由亲属来抚养艾滋孤儿的模式在规避所面临的风险以及充分发挥政

---

[1] 高晓晖、方为民等：《艾滋病高发区艾滋孤儿管理模式现况及对策》，《中国公共卫生》，2010年第12期。

策制度作用方面更具优势。[1] 有学者从农村传统社会关系的变迁角度，建议建立以政府为主导并包括社区、家族亲属网络以及非政府组织的多元参与的救助体系，以避免艾滋孤儿陷入“关系孤岛”的困境。[2] 实际上，各地在艾滋孤儿安置的实践中已经探索出了一些基本模式，具体包括强调以家庭寄养和集中供养为主要方式的河南模式、以家族抚养为主的湖北均川模式、以社会救助为主的云南模式以及以亲属和社会收养为主的广东模式。河南省是我国最早出现农村艾滋病的地区之一，也是在全国率先开展地方性、制度化艾滋孤儿救助模式探索的地区之一。河南模式以“分散供养为主，集中供养为辅”为基本原则，充分发挥个案工作、小组工作、社区工作、养成教育以及抗逆力的重要作用[3]，河南省政府主办的“阳光家园”和李丹创办的“东珍学校”就是其典型例证。从河南模式的实际救助情况来看，集中供养尽管取得了一定的优势但效果并不十分理想，主要表现在：一方面，集中供养由于其造成的新的社会隔阂和资金管理缺陷而没有取得良好的抚育效果；另一方面，收养方法由于政策和技术上操作难度较大而难以推广。[4]

针对集中供养存在的问题，湖北随州均川初步探索出了“家族抚养、政府出资、社会支持、社区关爱”的艾滋孤儿救助模式。该模式强调艾滋孤儿全部由家族抚养，并且由政府和热心企业提供资金支持，辅以当地农村社区对孩子们的接纳。该模式总体上

[1] 吴娅丹：《社会风险视角下的艾滋病孤儿抚育模式选择》，《青年探索》，2008 年第 3 期。

[2] 王洪伟等《“关系孤岛”：农村艾滋孤儿社会化困境及纾解途径》，《中南民族大学学报（人文社会科学版）》，2009 年第 4 期。

[3] 谢启文《阳光家园中艾滋致孤儿童养成教育探析》，《社会工作（学术版）》，2009 年第 7 期；王君健《受艾滋病影响儿童抗逆力养成的社会工作介》，《中国青年研究》，2009 年第 11 期。

[4] 刘保仓：《河南省艾滋遗孤救助体系和安置模式》，《社会福利》，2005 年第 10 期。

得到了社会的认同，但被认为仍然存在经济、制度、环境和情感方面的制约，尤其受到我国家庭寄养尚未制度化等诸多因素的制约。[1] 云南省艾滋孤儿安置的主要做法是：通过最低生活保障、国际慈善机构合作项目、免费教育以及建立艾滋孤儿救助安置指导中心四种渠道救助艾滋孤儿，并取得了非常不错的成绩。但是，云南省德宏州陇川、盈江儿童福利救助安置指导中心等在艾滋孤儿安置过程中也存在资源闲置和浪费、人员不够专业、服务难以满足需要等问题。[2] 各地出现的各种艾滋孤儿的安置模式以及对不同安置模式的争论，反映了不同的省份和地区具有不同的政治经济与社会文化脉络，以及政府资金和社会支持不同，是各地在实践中进行探索的结果。

（五）贫困家庭儿童的福利

1. 贫困家庭儿童的生活救助。

改革开放后，由于农村经济体制改革和国家扶贫战略的实施，农村贫困人口不断减少，但中国始终存在一个规模庞大的贫困人群。如果按照世界银行家庭平均每天消费支出 2 美元作为贫困线，那么中国 2005 年的贫困人口是 4.73 亿。如果以家庭平均每天消费支出 1 美元作为贫困线，那么中国 2005 年的贫困人口仍然有 1.06 亿。[3] 根据民政部发布的《2013 年社会服务发展统计公报》，截至 2013 年底，全国共有城市低保对象、城市“三无人员”、农村低保对象、农村“五保”供养对象、农村传统救济对象五类人

---

[1] 黄翠萍：《艾滋孤儿家族抚育模式：问题及对策》，《河北青年管理干部学院学报》，2010 年第 1 期。

[2] 张慧：《云南省艾滋孤儿救助问题的探讨》，《中南民族大学学报（人文社会科学版）》，2006 年第 3 期。

[3] Shaohua Chen & Martin Ravallion（2008），“The Developing World Is Poorer Than We Thought，But No Less Successful in the Fight against Poverty”，World Bank Policy Research Working Paper，No. 4703，August.

员总数达到 8 070.8 万人。[1] 也就是说，中国城乡接受政府生活救济的人口达到 8 000 多万人。这表明，中国城乡社会目前存在一个庞大的贫困人口群体，而生活在这些贫困家庭中的儿童就是贫困儿童。家庭贫困会给儿童带来很多的问题，包括营养不良、难以维持基本生活、教育机会显著减少、容易形成社会排斥、容易产生自卑等心理问题，长期生活在贫困家庭中还容易形成贫困文化进而导致贫困的传递等。目前，城乡贫困儿童的生活救助主要是通过最低生活保障制度来实现的。城市居民最低生活保障制度 1993 年从上海开始进行试点工作，1999 年 9 月国务院颁布了《城市居民最低生活保障条例》(国务院令第 271 号）并于 10 月 1 日正式实施，标志着居民最低生活保障制度在我国城市地区完全建立。从 1997 年开始，中国部分有条件的省市逐步建立农村最低生活保障制度。2007 年，国务院下发的《关于在全国建立农村最低生活保障制度的通知》规定，农村最低生活保障标准由县级以上地方人民政府按照能够维持当地农村居民全年基本生活所必需的生活费用确定，这标志着我国农村最低生活保障制度在农村地区的全面建立。

根据民政部发布的《2013 年社会服务发展统计公报》，截至 2013 年底，全国共有城市低保对象 1 097.2 万户、2 064.2 万人。全年各级财政共支出城市低保资金 756.7 亿元，全国城市低保月平均标准为每人 373 元。另外，救济城市“三无”人员 8.6 万人。截至 2013 年底，全国有农村低保对象 2 931.1 万户、5 388 万人，全年各级财政共支出农村低保资金 866.9 亿元，农村低保月平均标准为每人 2 434 元。全国农村“五保”供养 537.2 万人，全年各

[1] 民政部：《2013 年社会服务发展统计公报》，http://www.mca.gov.cn/article/zwgk/mzyw/201406/20140600654488.shtml。

级财政共支出农村“五保”供养资金 172.3 亿元。其中,农村“五保”集中供养 183.5 万人，集中供养年平均标准为每人 4 685 元；农村五保分散供养 353.8 万人，分散供养年平均标准为每人 3 499 元。2013 年农村传统救济 73.0 万人。尽管城乡低保制度、特困人员救助制度等并不是专门针对贫困家庭儿童的福利制度，但是低保金能够在一定程度上缓解这些贫困家庭的生活压力，有利于儿童的成长。另外，在最低生活保障制度的实践中，还通过实施分类施保措施，对城乡低保对象中有儿童家庭的救助水平给予适当提高，这可以看作对儿童的优待。例如，2006 年 2 月 21 日，太原市人民政府发布的《关于实行城市居民最低生活保障分类施保的通知》中规定，享受城市低保待遇丧偶单亲家庭中有正在就读的子女，在原享受标准的基础上按当地城市低保标准上浮 20%。享受城市低保待遇家庭中有多胞胎未成年子女的，在原享受标准的基础上按当地城市低保标准上浮 10%。再如，2010 年 1 月 1 日起实施的《东莞市城乡最低生活保障对象分类施保暂行办法》规定，低保对象中的学龄前儿童（即未满 7 周岁且未读小学的儿童），每人每月按低保标准 100% 增发分类救助金。子女均为未成年或子女均属未完成高中（中专、中技）学业在校生的单亲家庭，其父或母每月增发低保标准 50% 的分类救助金。除了最低生活保障制度以外，针对农村地区那些不符合低保条件和农村特困户救济标准的家庭，还有临时救济措施。这些家庭的生活水平一般略高于贫困户，但是风险承受能力很低，一旦遇到灾害、疾病、意外伤害等事件，很容易陷入临时性生活困境，因此这些家庭也需要帮助。根据民政部发布的《2013 年社会服务发展统计公报》，2013 年临时救助 698.1 万户次，其中，按户籍性质分类，城市家庭 323 万户次，农村家庭 375.1 万户次。这些临时性救济措施也必然惠及生活在这些贫困家庭中的儿童。

2. 贫困地区儿童营养餐项目。

中国贫困地区营养餐项目最早由民间组织发起。针对西部农村地区儿童营养不良的严重情况，中国发展研究基金会在2007年初发起实施了贫困地区寄宿制小学学生营养改善计划。基金会推动该项目的主要目标是让政府意识到农村贫困地区儿童营养不良的严重程度，并力图通过项目让政府意识到改善贫困地区儿童营养状况的重要性以及项目可能带来的效果。为此，基金会与地方政府、中国疾病预防控制中心以及企业合作，在广西都安和河北崇礼以学校供餐的方式开展了三年学生营养改善试验。试验由基金会向企业募集资金，联合疾控中心进行指导和监督，地方政府具体执行。试验结果显示，试点组比对照组平均身高多增长1.4厘米，平均肺活量增长速度约为对照组的2倍。结果证明，学校供餐在改善学生营养、体质、体能、心理上效果十分明显。[1]有学者使用由中国发展研究基金会和广西壮族自治区教育厅共同设立的“贫困地区寄宿制小学学生营养改善”基期调查和年终复查跟踪数据进行分析发现，营养改善项目确实收到了显著效果，尤其是10—12岁的学生效果明显，且随着年龄增加效果更好。为此，研究提出农村寄宿生的营养问题应引起政府和社会的严重关注，政府应大力强化对贫困地区农村寄宿制学生的营养干预。[2]2010年底，基金会的评估报告《建立学校供餐机制，改善农村学生营养》送温家宝、李克强和刘延东等国家领导人，农村学生营养问题引起国家重视。2011年2月，报告公开发布，引起媒体和社会广泛关注。

---

[1] 中国发展研究基金会：《农村学生营养改善计划的政策演进》，http://www.cdrf.org.cn/plus/view.php?aid=416。

[2] 李文、汪三贵、王姮：《贫困地区寄宿制学生营养餐项目效果评估》，《农业技术经济》，2011年第6期。

在此背景下，政府相关部门以及专家学者开始努力思考在改善学生营养问题上建立一套合理的、可持续的制度模式。

2011 年 7 月，中国政府决定从当年秋季学期启动民族县、贫困县农村免费午餐试点工作，并将宁夏确定为首批试点省区。2011 年 10 月 26 日，国务院常务会议决定扩大试点范围，从 2011 年秋季学期起，启动实施农村义务教育学生营养改善计划，为集中连片特殊困难地区的 680 个县（市）约 2 600 万在校生提供营养膳食补助。同时，提高农村家庭经济困难寄宿生生活补贴标准，其中，小学生由每人每天 3 元提高到 4 元，初中生由 4 元提高到 5 元。以 2010 年学生基数来算，2011 年中央财政在贫困寄宿生生活补贴上的支出为 72.5 亿元，各省应相应配套支出等额经费，即中央和地方财政支出总额为 145 亿元，加上中央财政为免费午餐支出部分，用于改善学生营养状况的财政资金达到每年 300 多亿元。

自 2011 年“农村义务教育学生营养改善计划”正式启动到 2012 年年底，中央和地方的试点工作已经覆盖近 3 300 万学生。其中，中央在全国 22 个省（区、市）的集中连片特殊困难地区 699 个县的试点，惠及近 10 万所农村中小学校，涉及 2 600 万学生；地方试点则在 11 个省（区、市）288 个县展开，覆盖近 700 万学生。当前支持营养改善计划的资金以政府财政投入为主。其中，中央财政按每人每天 3 元的标准提供补贴，每年投入大概在 160 亿；对于家庭困难寄宿生，则还有一部分生活补助，小学生为每人每天 4 元，初中生 5 元，每年投入约 150 亿元。与此同时，中央财政在 2011 年到 2013 年安排 300 亿元的农村学生食堂建设资金，用于改善学校就餐条件。[1] 农村义务教育学生营养改善计

[1] 财新网：《营养餐已覆盖 3300 万农村学生》，http://china.caixin.com/2012-10-19/100449380.html。

划实施后，2012 年中国发展研究基金会对计划进行了评估，结果显示，营养改善计划的实施使贫困农村义务教育明显受益，主要表现在：（1）受益学生身体质量有所改善，缓解了贫困农村学生营养不良的问题。试点地区学生平均身高、平均体重都有所增加。（2）受益学生的饮食习惯和饮食结构优化。营养计划让学生“两餐变三餐”，改变了农村学生以往只吃两顿饭的不良饮食习惯。（3）受益学生上课期间经常有的饥饿感现象明显减少。[1] 但是，农村义务教育营养改善计划在执行过程中也出现了很多问题。例如，在供餐过程中，食品安全监管往往存在一定隐患。由于该改善计划覆盖的地区多处贫困山区，交通不便，这对于食品安全有直接影响。例如，媒体曾经报道学生在吃了学校统一供给的营养餐后出现腹泻、高烧等不适症状。再如，不管食堂供餐还是采购成品加餐均需要有大宗食品采购，在这个过程中容易出现采购价格、数量不透明，无法索取合格有效票据等现象，这容易造成膳食补助资金安全监管问题等。

第二节 ｜ 普遍性儿童福利的发展

在我国，儿童福利存在狭义和广义两种理解。狭义的儿童福利又称特殊儿童福利，指特定形态的机构向处于不幸境地的儿童提供的特定服务，服务功能倾向于救助、矫治和扶助等恢复性功能。广义的儿童福利又称普遍性儿童福利，服务对象是所有的儿童及其家庭，认为单个家庭并不足以解决所有的问题，每一个家

[1] 农村义务教育学生营养改善计划评估项目组：《农村义务教育学生营养改善计划评估报告》，http://www.mofcom.gov.cn/article/difang/henan/201305/20130500142497.shtml。

庭都需要外力的帮助，社会对每一个儿童负责。我国传统的儿童福利属于狭义社会福利，是一种典型的补救模式。改革开放后，随着社会经济的发展，中国的普遍性儿童福利也有一定的发展。总体来说，中国目前普遍性儿童福利主要分为四个方面。

一、幼托服务

在计划经济体制下，托儿所、幼儿园大都附属于各大企事业单位，幼托服务是事业单位福利的一部分，是职工福利的延伸，具有明显福利的性质。改革开放以后，在社会福利社会化改革的推动下，企业、政府机构和一些事业单位基本上放弃了兴办幼儿园，幼托服务的供给改由市场来承担，这使得幼托事业的福利性质大大削弱。特别是 20 世纪 90 年代以来，政府提出“动员社会力量，多渠道、多形式地发展幼儿教育”的方针并出台了一些相关法规和指导性意见，各地开始进行托幼机构体制改革。从这些政策性文件强调“社会化”、“以社会力量办园为主体”等表达中可以看出，政府更多地强调了社会对托幼事业的责任，而政府的职责没有得到应有的强调和重视。

改革开放以后，幼托事业的性质实际上也一直存在争论。实际上，我国长期以来将托儿所、幼儿园工作看作教育领域而不是福利领域的业务范围。但幼托事业究竟属于教育领域还是社会福利领域，还是一个值得在理论上进行探讨的问题。西方发达国家普遍将幼托事业看作社会福利。以美、法两国为例，美国在 1991 年对 6 岁以下儿童的照管与发展方面的花费是 293 亿美元。美国公立幼儿园是政府资助最大的项目。法国政府建立了一套幼儿园制度，并对那些婴幼儿中心投以高额资助，对在私人市场购买儿童用品的父母给予现金资助和税收减免。法国的公立幼儿园，只要孩子的年龄在 3 岁半到 6 岁之间就可以登记进入，父母不需要交纳费用。[1] 从理论的角度来看，判断幼、托是否属于教育领域可以从三个方面来分析。首先，虽然幼儿园和托儿所的功能之一是为儿童入学做好准备，包含教育功能，但总的说来，应该是以生活照顾为本，兼顾教育。在现代社会，由于家庭的小型化，儿童的家庭照顾很难获得充足的人手。在这种情况下，即使是日托儿童，家长对生活照顾的需求实际上也远远高于教育需求。第二，从幼托事业的替代性效用来看，对于学前儿童，家长可以选择入园，也可以选择家庭照顾。但无论是哪一种选择，对将来上小学的资格并不产生影响。幼托所替代的是家庭照顾，而不是教育。第三，从幼儿园活动内容来看，以婴儿为对象的托儿所，显然完全是生活照顾。小班儿童虽已开始“上课”，但其内容主要是有组织的游戏。中班和大班儿童的上课内容虽有学前准备的内容，但并不存在与小学教育的知识体系相衔接的问题。更重要的是，“幼教小学化”现象目前已经被社会广为批评。因此，我国的幼托事业应划分为社会福利而不是教育领域似乎更为妥当。近年来，幼托事业市场化导向和教育化导向问题已经引起了社会的担忧，让幼托事业回归公益性的声音重新被提出来。例如，有学者认为从支持妇女就业、平衡妇女家庭与工作矛盾的角度出发，世界发达国家在其家庭政策中都表现出加强政府对公共幼托事业的责任这一显著的发展趋势，值得中国政府予以重视。幼托事业不仅是基础教育事业，而且是社会公益事业，尤其对妇女的就业与发展有着积极的作用。中国政府应同时考虑幼托政策的社会意义，着眼于给予妇女更多平等发展权利，通过制定更为合理的公共幼托政策，促

[1] 张晓霞：《美法两国儿童福利制度的差异比较》，《社会》，2003 年第 6 期。

进家庭与社会的和谐发展。[1]尽管如此，我国幼托事业的社会化和市场化格局已经形成多年，要使我国幼托事业具有更多的普遍性社会福利性质，还有待于中国经济社会的进一步发展以及我国社会福利事业的进一步改革。近年来，由于一些大城市开始出现“入园难”和“入园贵”等问题，一些地方政府已经开始着手出台政策对社会力量兴办的幼儿园和托儿所进行政策性补贴和支持。这表明，国家已经开始认识到幼托事业也是关系到国家未来的公共福利。

除了幼托服务以外，青少年服务也是儿童福利服务的重要内容。在我国，党和国家一直关注青少年的成长，并且开展了很多青少年服务项目。但是，我国一直没有把它当作社会福利，而是作为基层政权的公共服务项目，街道在规划、组织和实施青少年服务方面起着核心作用。更为重要的是，我国对青少年的关注很大程度上是放在青少年的学习和防止青少年的不良行为上，而不是放在生活照顾上。例如，我国从计划经济时期起各地都建立了少年宫，作为青少年课外活动的重要场所。但是，建立少年宫的主要目的是面向青少年开展校外教育活动，从本质上来说是学校的延伸。因此可以说，我国实际上并没有形成严格意义上的青少年福利观念。但是，近年来随着我国进入城市的农民工子女（特别是农民工二代）越来越多，我国政府和非营利组织也开始采取措施帮助农民工子女进行就业培训，一些地方政府和组织针对青少年网瘾、早恋早孕、家庭暴力等问题积极开展热线咨询等，这些青少年服务也开始具有了一定的福利色彩。

---

[1] 和建花、蒋永萍：《从支持妇女平衡家庭工作视角看中国托幼政策及现状》，《学前教育研究》，2008 年第 8 期。

二、医疗卫生服务

目前我国具有普遍性的儿童医疗卫生福利服务项目并不多，主要包括儿童国家免疫计划、医疗保险两个方面。

（一）儿童国家免疫计划

我国的儿童计划免疫开始于1978年，并先后于1988年以省为单位、1990年以县为单位、1995年以乡为单位相继实现了儿童卡介苗、脊髓灰质炎疫苗、百白破疫苗和麻疹疫苗免疫接种率达到85%的目标，2002年又进一步将乙肝疫苗纳入儿童计划免疫。2007年12月29日，卫生部印发关于《扩大国家免疫规划实施方案》的通知（卫疾控发〔2007〕305号）（以下简称《方案》）。《方案》规定，现行的国家免疫规划疫苗按照免疫程序，所有达到应接种月（年）龄的适龄儿童，均为接种对象。新纳入国家免疫规划的疫苗，其接种对象为规定实施时间起达到免疫程序规定各剂次月（年）龄的儿童。《方案》规定，在现行全国范围内使用的乙肝疫苗、卡介苗、脊灰疫苗、百白破疫苗、麻疹疫苗和白破疫苗等六种国家免疫规划疫苗基础上，将甲肝疫苗、流脑疫苗、乙脑疫苗、麻腮风疫苗纳入国家免疫规划，对适龄儿童进行常规接种。在重点地区对重点人群进行出血热疫苗接种；发生炭疽、钩端螺旋体病疫情或发生洪涝灾害可能导致钩端螺旋体病爆发流行时，对重点人群进行炭疽疫苗和钩体疫苗应急接种。

《方案》提出了四项工作的指标：一是到2010年，乙肝疫苗、卡介苗、脊灰疫苗、百白破疫苗、麻疹疫苗适龄儿童接种率以乡为单位达到90%以上。二是到2010年，流脑疫苗、乙脑疫苗、甲肝疫苗力争在全国范围内对适龄儿童普及接种。三是出血热疫苗目标人群的接种率要达到70%以上。四是炭疽疫苗、钩端螺旋体疫苗应急接种目标人群的接种率达到70%以上。[1]

儿童国家计划免疫针对的是每一个儿童，无论该儿童居住在城市还是农村，无论其家庭是贫困还是富裕，按照规定都必须接种疫苗，因此该项计划是我国少数真正意义上的普遍性儿童福利。除了国家免疫计划之外，近年来我国中央政府和地方政府已经着手在贫困地区启动儿童营养午餐项目，在保障贫困家庭儿童的营养方面已经取得了突破性进展。随着社会经济的发展，该项目今后可能成为我国另一项在儿童健康领域具有普遍性特征的儿童福利项目。

（二）医疗保险

目前我国的公费医疗制度针对的是公务员和事业单位工作人员，城镇职工基本医疗保险针对的是企业职工，这两项医疗保险制度的参加者都是成年人，对于儿童基本上没有医疗保险制度支持。我国中小学在校生很长一段时期内以参加商业保险为主，而且商业保险又主要是人身意外险，对于未成年人的医疗风险规避所发挥的作用十分有限。因此，我国儿童长期以来基本上游离于医疗保障体系之外。在这种情况下，我国部分地区开始探索采用社会保险的方式让未成年人参保。例如，北京市2007年在城镇无医疗保障的老人、大中小学生及婴幼儿中建立了相应的大病医疗保险制度（俗称“一老一小”）。政府为参保人员支付五成以上保费，每年财政补贴4亿元左右。除了大病医疗保险之外，城镇居民基本医疗保险制度也为解决儿童的医疗问题开辟了另一条途径。2007年7月10日，国务院发布了《国务院关于开展城镇居民基本医疗保险

[1] 中华人民共和国卫生部：《扩大国家免疫规划实施方案》，http://www.gov.cn/gzdt/2008-02/19/content_893572.htm，2012年5月21日。

试点的指导意见》(国发〔2007〕20号),决定从2007年开始试点的城镇居民基本医疗保险,凡是不属于城镇职工基本医疗保险制度覆盖范围的中小学阶段的学生(包括职业高中、中专、技校学生)、少年儿童和其他非从业城镇居民都可自愿参加城镇居民基本医疗保险。城镇居民基本医疗保险以家庭缴费为主,政府给予适当补助。对试点城市的参保居民,政府每年按不低于人均40元给予补助。在此基础上,对属于低保对象或重度残疾的学生和儿童参保所需的家庭缴费,政府原则上每年再按不低于人均10元给予补助。

在农村地区,我国计划经济时代农民的医疗保障主要依靠农村合作医疗制度。但是,市场经济改革冲击了以集体经济为基础的农村合作医疗制度。因此,改革开放后的很长一段时期内,农民看病难、看病贵成为社会普遍现象。进入21世纪,为了减轻农民看病的经济负担,2002年10月,《中共中央国务院关于进一步加强农村卫生工作的决定》提出各级政府要积极引导农民建立由政府组织、引导、支持,农民自愿参加,个人、集体和社会多方筹资,以大病统筹为主的新型农村合作医疗制度。从2003年起,全国部分县(市、区)开始了新型农村合作医疗的试点工作。新农合自2003年开始试点以来快速推进,2008年实现基本覆盖的目标。截止2010年底,全国有2 678个县(区、市)开展了新型农村合作医疗,参合人口数达8.36亿人,参合率为96%。2010年度筹资总额达1 308.3亿元,人均筹资156.6元。[1]尽管新型农村合作医疗制度并非单独针对儿童的医疗保险制度,但由于其覆盖

[1] 中华人民共和国卫生部:《2010年我国卫生事业发展统计公报》,http://www.moh.gov.cn/publicfiles/business/htmlfiles/mohwsbwstjxxzx/s7967/201104/51512.htm,2012年5月21日。

对象包括儿童，因此也可以看作我国目前具有普遍性特征且惠及儿童的福利制度。

三、公共性教育福利

儿童教育福利主要体现在义务教育上。1986 年 7 月 1 日我国正式实施《中华人民共和国义务教育法》(以下简称《义务教育法》)。《义务教育法》规定，国家实行九年制义务教育，凡年满 6 周岁的儿童，不分性别、民族、种族，应当入学接受规定年限的义务教育(条件不具备的地区，可以推迟到 7 周岁入学)。地方各级人民政府必须创造条件，使适龄儿童、少年入学接受义务教育。除因疾病或者特殊情况，经当地人民政府批准的以外，适龄儿童、少年不入学接受义务教育的，由当地人民政府对他的父母或者其他监护人批评教育，并采取有效措施责令送子女或者被监护人入学。为了贯彻实施《义务教育法》，1992 年 2 月 29 日，国务院批准并颁布了《〈中华人民共和国义务教育法〉实施细则》，对于义务教育的实施步骤、教育教学的具体过程、实施保障、管理与监督等方面做了具体规定。

义务教育的难点在农村，为了保障农村地区义务教育的顺利实施，2002 年 4 月 14 日，国务院办公厅印发了《关于完善农村义务教育管理体制的通知》。该文件规定，农村义务教育实行“在国务院领导下，由地方政府负责、分级管理、以县为主”的体制。县级人民政府对农村义务教育负有主要责任，省、地(市)、乡等地方各级人民政府承担相应责任，中央政府给予必要的支持。2003 年 9 月 7 日，国务院公布了《国务院关于进一步加强农村教育工作的决定》(国发〔2003〕19 号)(以下简称《决定》),《决定》提出要建立和健全扶持农村家庭经济困难学生接受义务教育的助学制度。到 2007 年，争取全国农村义务教育阶段家庭经济困难学生都能享受到“两免一补”(免杂费、免书本费、补助寄宿生生活费)，努力做到不让学生因家庭经济困难而失学。

2005 年我国开始对贫困地区的义务教育免收学杂费，实现真正意义上的义务教育，并将农村义务教育全面纳入国家财政保障范围，逐步建立中央和地方分担的农村义务教育经费保障机制。针对贫困地区的义务教育问题，2006 年 3 月 5 日温家宝总理在做《政府工作报告》时承诺：“完善以政府投入为主的经费保障机制，3 年内要普及‘两免一补’(免学杂费、书本费，并补助寄宿学生生活费)，到 2007 年，全部解决贫困地区孩子的义务教育问题。”目前，国家不仅解决了义务教育阶段学生学杂费和书费问题，还建立了农村义务教育阶段贫困家庭寄宿制学生生活补助制度，解决了义务教育阶段农村贫困学生的生活困难问题。

改革开放以后，随着大规模的农民工进城，农民工子女的义务教育问题又逐渐引起了政府和社会的关注。最早进城的农民工子女义务教育一般都是在农民工子弟学校进行的。但是，由于农民工子弟学校在师资、教学条件、安全保护等方面存在很多问题，难以保障农民工子女顺利完成义务教育，这引发了政府和社会的忧虑。而进入公办学校会碰到诸多障碍，例如，农民工子女的义务教育投入究竟是由流出地政府还是流入地政府承担。对于流入地政府来说，公办学校接收外来工子女越多，地方财政压力越大。同时，由于农民工子女的户籍不在流入地城市，这也给了流入地政府不愿承担农民工子女教育投入提供了理由。针对这个问题，国家出台过一些政策来规范农民工子女的入学问题。1996 年颁发的《城镇流动人口中适龄儿童、少年就学办法（试行)》是流动儿童入学的首个政策保障，但明显存在包括农民工子女在内的城镇流动人口子女与流入地的城市居民子女在教育机会上的不平等性。1998 年《流动儿童少年就学暂行办法》出台，延续了试行办法的的相关规定。

进入 21 世纪，政府开始考虑以流入地政府与公办学校为主的保障农民工随迁子女入学的方式。2001 年国务院发布《关于基础教育改革与发展的决定》，提出“以流入地区政府管理为主，以全日制公办中小学为主”的管理方式。2003 年国务院办公厅转发教育部等部门《关于进一步做好进城务工就业农民子女义务教育工作的意见的通知》(国办发〔2003〕78 号)，对需要交借读费的规定不再提及，取而代之的是规定“建立进城务工就业农民子女接受义务教育的经费筹措保障机制”。2006 年《中共中央国务院关于推进社会主义新农村建设的若干意见》颁布，实现了从不提借读费到严令禁止收取借读费的转变。随着中央对农民工子女义务教育政策逐渐明确，农民工随迁子女就学人数总量呈增加趋势。据对全国 25 个省区市的抽样调查，2005 年至 2007 年，义务教育阶段农民工随迁子女就读人数分别为 342 万、383 万、434 万，年均增长幅度都在 15% 以内。2008 年春季实施免除义务教育阶段学生学杂费政策后，北京、浙江、江苏等农民工子女流入较多的省份，其增幅处于常态，没有出现剧增的情况。[1] 到 2010 年，《国家中长期教育改革和发展规划纲要（2010—2020 年）》(以下简称《规划纲要》）中规定：“坚持以流入地政府管理为主、以全日制公办中小学为主，确保进城务工人员随迁子女平等接受义务教育。”《规划纲要》的出台从理论上结束了对农民工子女入学问题的争论，

[1] 刘华蓉：《解决农民工子女入学问题收效良好》，《中国教育报》，2008 年 8 月 1 日第 1 版。

这对于推动农民工子女的义务教育权利保障具有重要意义。

四、其他普惠性公共福利

除了医疗健康、教育等方面公共性儿童福利之外，我国为保证儿童的健康成长还有一些其他普惠型的儿童福利，这主要包括公园、博物馆和乘坐交通工具实施免票或半票制度。

第一，博物馆票价优惠政策。2008 年，中共中央宣传部发布了《关于全国博物馆、纪念馆免费开放的通知》，规定免费开放由文化文物部门归口管理的博物馆、纪念馆、全国爱国主义教育示范基地。暂不实行免费开放文物建筑及遗址类博物馆，但对儿童实行减免门票等优惠政策。

第二，公园景区票价优惠政策。对于公园和景区票价对儿童优惠的政策长期存在，最新的规定是 2012 年 4 月 1 日国家发改委发布的《关于进一步落实青少年门票价格优惠政策的通知》，规定各地凡是实行政府定价、政府指导价管理的游览参观点，应对全体儿童全面落实减免优惠政策，主要的优惠政策包括：（1）1.2 米以下儿童或 6 岁以下儿童免票；（2）大中小学生或 6—18 岁青少年凭有效证件半票。此外，2013 年 4 月 25 日，十二大二次会议表决通过了《旅游法》，其中规定公益性的城市公园、博物馆、纪念馆，除重点文物保护单位和珍贵文物单位外，应当逐步地免费开放。

第三，道路出行免票半票政策。乘坐交通工具（火车、公共汽车、飞机等）对儿童和学生实行免票或半票的政策也一直存在。最新的文件是 2009 年交通运输部、国家发展和改革委员会《关于印发〈汽车运价规则〉和〈道路运输价格管理规定〉的通知》（交运发〔2009〕275 号），第 12 条规定：（1）成人及身高超过 1.5 米的儿童乘车购买全票；（2）身高 1.2 米以下、不单独占用座位的儿童乘车免票；（3）身高 1.2—1.5 米的儿童乘车购买儿童票；（4）儿童票按照具体执行票价的 50% 计算。

第三节 | 21世纪以后儿童福利制度的建设成就及经验

进入 21 世纪，中国儿童福利事业经过 30 多年的建设和发展取得了很大成就，基本上建立了与我国目前经济发展水平相适应的儿童福利制度，在这一发展过程中也有一些值得总结的经验，具体说来可以分为以下几点。

一、制定了比较完善的儿童福利法规和政策

我国儿童福利政策属于松散型模式，尽管没有制定统一的儿童福利政策，但相关儿童福利政策都融合于各项法律条例、文件、通知中，且多与国家政策相衔接。这些儿童福利的政策涉及儿童成长发展的方方面面，在保障儿童福利权益方面发挥着重要作用。总体看来，目前中国儿童福利政策主要由四个部分组成。

一是全国人民代表大会及其常委会通过的有关法律。包括《中华人民共和国宪法》、《中华人民共和国婚姻法》、《中华人民共和国义务教育法》、《中华人民共和国残疾人保障法》、《中华人民共和国母婴保健法》等。这些法律虽然不是专门为儿童制定的，但其中都包含了儿童福利和保护的相应条款，从宏观层面规定了我国儿童福利的基本原则和操作框架。除此以外，全国人大及其常委会还制定了一些以儿童为对象的专项法律制度，如《中华人民

共和国未成年人保护法》、《中华人民共和国预防未成年人犯罪法》、《中华人民共和国收养法》等。这些法律的制定表明了国家对于儿童救助保护的高度重视，并提供了相关儿童救助保护的法律依据。

二是国务院和国务院各职能部门制定、颁布、实施的各类行政法规、部门规章和政策规定，例如由国务院制定的《关于加快实现社会福利社会化的意见》、《残疾人教育条例》等；以民政部为代表的部委制定的《中国公民收养子女登记办法》、《外国人在中华人民共和国收养子女登记办法》、《家庭寄养管理暂行办法》、《关于加强孤儿救助工作的意见》、《关于进一步发展孤残儿童福利事业的通知》、《关于加强流浪未成年人工作的意见》、《中华人民共和国行业标准儿童社会福利机构基本规范》等。这些行政法规和部门规章大都是为推动实施特定儿童福利服务项目制定的，在指导儿童福利工作的开展方面具有很强的可操作性。

三是地方人大与地方政府职能部门制定、颁布、实施的各类地方法规、部门规章和政策规定，例如 2004 年河南省《关于规范和加强艾滋病致孤人员救助工作的通知》等。地方法规和部门规章往往是针对中央政府的儿童福利法规和政策，结合当地实际情况制定的实施细则，因此是全国性儿童福利法规、政策的细化。

四是我国签署的国际公约和国家规划纲要，例如 1959 年 11 月 20 日联合国大会通过的《儿童权利宣言》，1989 年第 44 届联合国大会第 25 号决议通过的《儿童权利公约》等。根据这些国际公约我国制定了相应的发展规划，如《中国儿童发展纲要（2011—2020 年）》等。这些重要文件提出了儿童的权利，儿童生存、保护和发展的主要目标，并承诺保护儿童权利和改善生活的具体方案。还有一些国际公约、宣言常常提供某些领域中国际性的基本原则和最低标准，供签约国政府参考。例如 1998 年 12 月 29 日，第九届全国人大常委会第六次会议审议批准的《国际劳工组织关于准予就业最低年龄公约》(以下简称《公约》)第一条规定，凡本公约对其生效的会员国，承诺执行一项国家政策，以保证有效地废除童工并将准予就业或工作的最低年龄逐步提高到符合年轻人身心最充分发展的水平。《公约》明确规定，准予就业的最低年龄应不低于完成义务教育的年龄，并在任何情况下不得低于15岁。这些国际公约在我国儿童保护问题上也有一定的约束力，有助于推动我国儿童福利的进一步发展。

二、建立了比较完善的儿童福利行政体系

目前我国从中央到地方没有专门负责儿童工作的福利行政机构，只是政府机构内部设立了很多面向儿童的工作部门。这些工作部门主要包括：全国人大内务司设有妇女儿童司，这是在最高权力机构中的儿童工作部门，专门负责有关妇女和儿童的立法；国务院设有妇女儿童工作委员会，由相关部委、群众团体负责人担任委员，定期研究有关儿童政策及其他相关工作；国务院各部委设有相应的儿童工作部门，如民政部社会福利与社会事务司负责保障处境困难的儿童，包括残疾儿童、孤儿、弃婴和流浪儿童等；卫生部妇幼保健司负责婴幼儿的计划免疫和卫生保健；文化部少儿艺术司负责少儿文化艺术活动的开展；教育部负责儿童的幼儿园教育和义务教育；司法部负责预防未成年人犯罪及未成年人犯罪的处置工作。各部委主要是从各自的专业领域负责儿童救助保护及相关儿童福利工作。

此外，全国青联和共青团组织设有少年部，负责全国少年儿童的教育培养以及校内外工作。妇联组织设有儿童部，负责以家

庭为中心的对儿童的养育。共青团和妇联作为人民团体为担负起教育和保护少年儿童的职责提供了另外两条途径。全国有统一的少年先锋队，开展丰富多彩的活动，直接为儿童和青少年的健康成长服务。各地还设有少年宫、少年活动中心，为少年儿童的学习、娱乐提供场地和专业指导。这些群众团体是我国儿童福利政策推行过程中的重要参与力量，它能有效弥补政府部门在人力、财力等方面的不足，充分调动社会资源参与到儿童福利事业中。经过长期的探索和实践，尽管我国目前没有专门负责儿童工作的福利行政机构，但是这些在政府内部的相关工作部门已经组成比较完善的儿童福利行政体系，从不同的领域和角度推动着中国儿童福利事业向前发展。

三、困境儿童基本得到了有效的救助保护

除了传统的儿童福利院孤儿救助以外，改革开放后我国的社会儿童福利系统已经基本上延伸到各种类型的困境儿童。

针对大量农村孤儿缺乏生活保障的问题，2010 年民政部会同财政部下发了《民政部财政部关于发放孤儿基本生活费的通知》，在全国建立了孤儿基本生活费制度。对于那些生活在农村贫困家庭中的儿童，在原先“五保”救助制度的基础上，2007 年又建立了农村居民最低生活保障制度和农村特困救助制度，通过制度的累加效应增强对农村贫困儿童的救助效果。

为了实现流浪儿童救助保护，政府在废除原来收容遣送制度的基础上，在全国建立了以儿童救助保护中心为依托的机构救助模式。各地通过建立流浪儿童保护教育中心，为流浪儿童提供食物、住宿、医疗、返家、心理咨询及非正式教育等方面的制度化

保护。除了机构救助以外，一些流浪儿童救助机构和非政府组织还创立了“大房子”、“类家庭”、“全天候街头救助点”等救助模式。

针对受艾滋病影响的儿童，我国目前也形成了比较完整的救助体系。在生活保障方面，农村地区的艾滋孤儿可以申请“五保”供养；对于城镇地区已故艾滋病患者的遗孤，给予全额享受和差额低保金待遇。在教育方面，按政府有关社会救济政策的规定对艾滋病患者遗孤实施免费义务教育。在医疗方面，中国政府提出了“四免一关怀”政策，为受艾滋病影响儿童提供便利的基本医疗条件。

对于机构内的残疾儿童，民政部使用彩票公益金在全国开展了“明天计划”，为城乡各类社会福利机构中0—18岁具有手术适应症的残疾孤儿进行手术矫治和康复。民政部、卫生部等有关单位也积极推动针对社会残疾儿童的小儿麻痹矫治手术、白内障复明和对聋儿的语言训练，使大量残疾儿童恢复了健康。在残疾儿童教育方面，除了办有特殊教育学校外，还采取了在普通学校办班和随正常班就读等方法，使肢残、智残的儿童能够受到教育和必要的技能训练。通过这些针对困境儿童的政策和措施的实施和推进，目前基本上形成了对困境儿童的有效救助保护网络，保证了儿童在遭遇困境时不至于陷入无人照料、流离失所的境地，从而很好地保障了儿童权利。

四、普遍儿童福利领域逐渐拓展

长期以来，中国社会福利工作主要局限于传统民政对象的范围。但随着时代的发展，人民群众对社会福利服务的需求与日俱增，我国儿童福利观念和实践也发生了一定的改变。在这种形势下，儿童福利事业的领域逐步拓宽，为从残补型走向普惠型儿童福利奠定了基础。在儿童福利政策指导下，目前以全体儿童为对象的普遍儿童福利主要有以下几方面。

一是儿童卫生和保健方面。卫生保健方面的普遍性儿童福利最重要的是儿童国家免疫计划。该计划开始于 1978 年，到目前为止覆盖了城乡所有儿童，已经完全具备了普遍性儿童福利特征。在儿童营养方面，我国一些贫困地区在中央政府的支持下，通过推广营养午餐项目保证贫困儿童的营养需求，在改善贫困儿童营养状况方面已经取得了飞跃性的进步。另外，国家投入了大量人力、物力，积极开展妇婴保健、学校卫生、健康教育等各方面的工作，使我国儿童体质在改革开放之后有了显著的进步。

二是在教育福利方面，政府的教育投入逐年增加。学前教育和幼托事业尽管受到市场经济改革的影响使得其福利属性减少，但总体来看，政府对学前教育和幼托事业还是比较重视，一些地方仍然坚持幼教事业的公益性质。例如，改革开放以来，苏州市的幼儿教育在各级政府的高度重视下，初步形成了以公办园为主体、以政府投入为主要幼教经费来源的幼教格局。在苏州市的 380 所幼儿园中，公办园 263 所，占幼儿园总数的 70%；集体办园 54 所，占 14%；民办园 63 所，占 16%。在 350 所村级幼儿园（班）中，22% 的村园房产系乡（镇）政府投资，53% 的村园房产由村委会投资，24% 的村园房产为所属小学自筹资金。[1] 近年来，加强幼教和幼托事业公益性的主张越来越多，一些学者甚至提出将学前教育纳入义务教育的主张。在义务教育方面，我国从 1986 年开始实施《中华人民共和国义务教育法》，规定国家实行九年制义

[1] 张春霞：《政府履行职责是幼教事业发展的基本保证》，《学前教育研究》，2007 年第 1 期。

务教育。1992 年 2 月 29 日，国务院批准并颁布了《〈中华人民共和国义务教育法〉实施细则》，对于义务教育的实施步骤、教育教学的具体过程、实施保障、管理与监督等方面做了具体规定。为了保障农村地区义务教育的顺利实施，2005 年我国开始对贫困地区的义务教育免收学杂费，实现真正意义上的义务教育，并将农村义务教育全面纳入国家财政保障范围。至此，义务教育的实施成为儿童成长和发展的最大公共性福利。

三是特殊儿童福利内容不断拓展，标准不断提高。改革开放初期，儿童福利集中在对无依无靠、无家可归和无生活来源的孤儿、弃婴、残疾儿童和有行为偏差的儿童的收养和照顾上，而这种收养和照顾主要是机构收养和院舍照顾。进入 21 世纪，儿童福利机构不仅在对孤残儿童养育方式上发生了重大改变，而且通过推行“明天计划”和“蓝天计划”等项目为残疾儿童进行手术矫治，改善儿童福利院的基础条件。随着改革开放的深入，全国各地针对城市大量出现的流浪儿童建立了儿童救助保护中心，对流浪儿童提供临时性救助保护。针对农村孤儿问题，2010 年国务院办公厅下发的《关于加强孤儿保障工作的意见》，确立了孤儿基本生活保障制度，拓展了困境儿童福利保障的范围。这些针对特殊儿童的福利制度的建立，进一步推动了中国儿童福利由补缺型向适度普惠型转变。

五、社会力量参与儿童福利日趋增强

社会力量参与儿童福利是在社会福利社会化的背景下逐渐发展的。所谓社会福利社会化是指在改革开放和建立社会主义市场经济条件下，社会福利工作的一个全局性和方向性的变革趋势，它包括管理方式的社会化、服务的社会化、资金来源的社会化。[1]在儿童福利方面，主要表现为吸引社会力量参与儿童福利，主要包括以下几个方面：

一是家庭寄养和收养。我国在新中国成立初期就开始了家庭寄养工作，在计划经济时期家庭寄养一度萎缩。改革开放后（特别是20世纪90年代）以来，由于回归家庭逐渐成为主流意识，家庭寄养工作迅速发展，并成为我国目前孤残儿童最重要的养育方式。在儿童收养方面，改革开放后随着我国与收养相关的法规逐渐完善，收养工作（特别是涉外收养）进一步发展，对于儿童真正意义上回归家庭发挥了重要作用。

二是社会力量兴办儿童福利机构。计划经济时期，国家禁止民间兴办儿童福利机构。改革开放后，由于社会上孤残儿童增加，一些地方开始出现社会力量参与兴办的儿童福利机构，对于孤残儿童的收养救助发挥了一定作用。并且，随着政府在政策上表示要大力支持、资助民办儿童福利机构的建设，社会力量在孤残儿童的救助方面发挥着越来越重要的作用。

三是吸纳社会资金和志愿者参与儿童福利事业。改革开放以后，一些面向儿童的社会性福利项目纷纷设立，取得了十分显著的效果，如“希望工程”、“春蕾计划”，已使大量失学儿童重返课堂。在困境儿童救助方面，社会力量开辟了捐资兴建儿童福利机构、捐资助养孤儿、代养孤儿、对孤儿开展心理抚慰等多种途径和方式，形成社会力量参与儿童福利事业建设的良好局面。同时，儿童福利领域在吸收志愿者方面也具有优势。改革开放以来，高等院校和社会热心人士的志愿服务，已经成为儿童福利机构重要的人力

---

[1] 张世峰：《社会福利社会化的思考》，载窦玉沛：《重构中国社会保障体系的探索》，中国社会科学出版社2001年版，第84页。

资源。

四是与外国政府、国际组织、慈善机构的交流与合作。改革开放以来，我国与联合国儿童基金会、英国救助儿童会、世界宣明会等组织进行了卓有成效的合作。许多国外的非政府组织、社会团体、宗教团体、慈善机构积极参与中国的儿童福利事业。合作的内容包括技术援助、资金援助、设备援助和人员交流等。通过合作与交流，为中国的儿童福利事业注入新的活力。

六、儿童福利服务从机构导向转向家庭导向

早在新中国成立初期，我国就出现了闻名全国的山西省大同市的“乳娘村”，为探索孤儿家庭寄养方式作出了贡献。尽管当时的家庭寄养是由于资金压力迫不得已而为之，但是家庭寄养毕竟体现了儿童福利的家庭导向。此后，家庭寄养一度萎缩，一直到改革开放初期民政部还要求福利机构接回过去寄养在民间的儿童。随着改革开放的推进和西方儿童福利思想的引入，机构照顾的弊端逐渐被人们所重视，家庭照顾与院舍照顾哪个更好的争论开始出现。这种模式选择争论因河南省艾滋病致孤儿童生活照顾和养育模式创新实践而进一步发展。20 世纪 90 年代中期，英国救助儿童会首先在安徽省儿童福利机构中引入小家庭养育理念和模式。家庭照顾优于院舍集中供养的理念和社会效果逐渐在民政系统扩散开来，引起轰动和争议。2000 年以来，关于集中供养和家庭照顾模式孰优孰劣的争论似乎尘埃落定。人们的看法趋于一致，英国救助儿童会关于儿童集中供养立场的政策声明似乎获得了中国决策者的认可。[1] 在此背景下，中国对困境儿童的照料体系也进行

[1] 刘继同:《当代中国的儿童福利政策框架与儿童福利服务体系（下篇）》,《青少年犯罪问题》, 2008 年第 6 期。

了改革，以北京、上海等地为代表的家庭寄养和机构形态的家庭照顾模式的探索得到了广泛认可和社会支持。民政部也明确提出了社会福利事业要积极探索儿童回归家庭的办法和途径，这是我国儿童福利事业从“重机构发展”到“以人为本”的指导思想和实践的重大转变。

随着儿童福利理念的变化，机构内的儿童养育方式也已从传统的单纯生理上的服务转变为发展儿童最大潜能的全面照顾，即在注重儿童“养、治、教”的同时，越来越关心情感满足、社会认知、心理卫生等方面的发展。为了消除机构照顾模式对儿童造成的负面影响，一些儿童福利院开始在院舍内探索新的养育模式，在机构内推行小家庭单元照顾模式，通过类似社区自然家庭的生活的模拟，让儿童体验家庭的经历，使他们得到更好更高质量的照顾和教育,将来顺利融入主流社会。通过改革开放后对孤儿收养、家庭寄养、儿童福利机构的集中供养和院舍照顾、模拟家庭和社会助养等不同养育模式优劣的探索和争论，家庭导向最终成为了我国儿童福利服务的指导原则。

第七章

中国儿童福利制度面临的挑战与未来发展

在改革开放30多年后，中国儿童福利制度经过长期的探索和实践，初步建立了与社会主义市场经济体制相适应的儿童福利制度，在儿童救助保护和改善儿童生活状况方面取得了很大的成绩。但就目前的情况来看，随着我国社会经济的进一步发展，儿童福利制度也面临诸多问题和挑战。

第一节 | 社会发展过程中的儿童福利问题

中国目前仍然处在社会转型过程中，儿童福利问题也与社会转型和发展密切相关。中国有特殊需求的儿童群体主要包括孤儿、残疾儿童、流浪乞讨儿童、留守儿童、单亲家庭儿童、受暴力侵害和虐待儿童以及受艾滋病影响儿童等，其中一些儿童问题是新出现的社会问题，另外一些随着社会转型，其严重程度也在不断加剧。经过改革开放后的儿童福利制度建设，孤儿、流浪儿童等弱势儿童的救助保护制度已经基本建立。就目前的情况来看，有四个方面的儿童问题依然很严重，迫切需要有相应的儿童福利制度予以回应。

（一）农村留守儿童问题

改革开放以后，由于大量农民进城寻找工作机会，他们的孩子被迫留在农村和其他亲属一起生活。有关数据显示，21 世纪初期，我国有近 1.5 亿的农民在外务工，打工者的数量还在不断增长。另据国家统计局的估计，目前全国 15 岁以下的留守儿童人数约为 1 000 万人左右，而且种种迹象表明，这个数字也大有逐年增长之势。中央教育科学研究所的吴霓博士对甘肃、河北、江苏三省五个县的调查结果显示，在接受调查的中小学中，有父母一方在外打工的儿童数占总样本量的 31.5%，父母均在外打工的儿童数占总样本量的 16.2%。两者合计为 47.7%。[1] 父母外出务工会对留守儿童造成很大影响，主要包括：（1）在生活方面，隔代监护（祖辈抚养）很容易造成对儿童的溺爱，只重视对留守儿童的物质满足，忽略了对其精神和道德上的管束。一些看护留守儿童的祖父母年纪过大，再加上其受教育程度低，可能会忘记或不重视儿童的计划免疫。也有研究显示，老年人一味满足儿童的愿望，往往认为从商店购买的零食或垃圾食品更有营养，而不太注重儿童的科学饮食。（2）在教育方面，父母在外务工容易造成儿童在义务教育阶段家庭社会化不足。老年人由于自身的文化水平有限，难以在学习上对儿童进行指导，且他们对儿童的溺爱使儿童不太容易形成健康的学习和生活习惯。另外，父母不在身边容易造成留守儿童学习目的不明确，学习习惯不好，不能完成作业，逃学和辍学等。（3）由于父母长期不在身边，留守儿童在性格和行为上容易出现偏差。父母双方或一方在外务工的留守儿童，容易成为某种意义上的“孤儿”或“单亲孩子”。农村留守儿童由于缺乏与父母的交往和沟通，与正常儿童相比往往更容易出现心理问题。例如，一项 2005 年的研究表明，农村留守儿童的心理健康问题检出率很

[1] 叶敬中、詹姆斯 · 莫瑞：《关注留守儿童：中国中西部农村地区劳动力外出务工对留守儿童的影响》，社会科学文献出版社 2005 年版，第 4 页。

高。在271名被试留守儿童中，28.8%有轻度的不良心理反应，2.2%有比较明显的心理问题；留守儿童中初中生心理健康问题的阳性检出率高于非留守儿童初中生阳性检出率的20%。[1]（4）留守儿童的安全问题容易被忽视。由于留守儿童监护人大多为祖辈或亲友，他们更易遭受溺水、触电、打斗等意外事件，甚至发生被拐卖、被侵犯等恶性案件。在农村，与儿童有关的安全隐患非常多，例如生活区域的高压电线、溺水、火灾、交通安全、拐骗等。留守青少年也很容易卷入偷窃、抢劫、吸毒等违法犯罪行为中。调研中也发现，儿童发生意外时（例如，溺水），留守老人进行抢救的能力往往有限，甚至束手无策。（5）针对农村儿童的相关安全教育和法制教育相当缺乏。除了学校会对儿童开展安全教育和法制教育外，在社区层面没有专门人员能够发现儿童活动区域的安全隐患，也没有专门机构对儿童的家长进行安全知识的培训。

以上讨论的所有这些留守儿童身上出现的问题都可以看作儿童福利服务需求，应该从儿童福利的角度进行回应和满足。针对留守儿童的上述问题，在社区层面配备专业性儿童服务机构和人员，为这些留守儿童及其监护人提供相应的服务就显得非常必要。但是，就中国目前儿童福利的发展水平来看，还无法顾及留守儿童的种种需求，这迫切需要在未来儿童福利发展的过程中予以重视。

二、残疾儿童问题

我国弃婴数量在改革开放以来迅速增长已是不争的事实。民

[1] 叶曼、张静平、贺达仁：《留守儿童心理健康状况影响因素分析及对策思考》，《医学与哲学（人文社会科学版）》，2006年第6期。

政部在20世纪80年代末对全国儿童福利院收养的孤儿与弃儿的数量统计结果为5 000—6 000人，到21世纪初则已经达到了50 590名，人数几乎翻了10倍。2004年国务院办公厅《中国的社会保障状况和政策》中数据显示，全国192个专门儿童福利机构和近600个综合福利机构中的儿童部共收养了5.4万名孤残儿童。[1]目前，我国残疾婴儿被遗弃问题仍然严重，残疾儿童的福利需求难以得到充分满足。目前造成我国弃婴现象的原因主要有三方面：（1）残疾儿童被弃，这与残疾婴儿的医疗费用和抚养成本过高密切相关。（2）女婴被弃的情况比男婴严重，这主要是受到我国传统"重男轻女"思想的影响。（3）性开放潮流中性教育的薄弱和缺席，使城市流动人群和青少年正成为非婚生育乃至弃婴问题的两大高发群体。我国目前针对弃婴行为的法律和政策规定是以打压为主，缺乏相应的社会福利政策来减轻父母的压力，预防父母弃婴行为发生。例如《中华人民共和国收养法》第三十一条规定："遗弃婴儿的，由公安部门处以罚款；构成犯罪的，依法追究刑事责任。"

尽管儿童福利机构的救助对于那些生活在机构中的残疾儿童非常重要，但如果儿童福利不突破传统的特殊儿童福利的框架，就无法从根本上解决残疾儿童问题。例如在传统思路中，人们对残疾弃婴问题往往诉诸惩罚，认为父母没有尽到法律规定的责任。但是当父母考虑到残疾儿童将会给家庭带来巨大生活压力的时候，要阻止弃婴行为是非常困难的。从儿童福利制度的角度来看，养育残疾儿童的家庭如果得不到支持和帮助，也就无法真正改善所有残疾儿童的生存状况。目前我国对于残疾儿童的家庭支持不够，

---

[1] 中华人民共和国国务院新闻办公室：《中国的社会保障状况和政策》，新华网：http://news.xinhuanet.com/newscenter/2004-09/07/content_1952048.htm，2009年11月6日。

残疾儿童服务主要还是依靠家庭自己的力量来解决。抚养残疾儿童家庭的补助、农村纯女户的补贴以及未婚妈妈和少女妈妈的救助方面的政策措施非常缺乏，已经出台的政策措施也很不完善，可持续性差，这对于预防弃婴现象的发生很不利。已有的一些国家给残疾儿童的福利政策宣传也很不到位，绝大多数残疾儿童往往并不知道这些政策的存在。一般情况下，是残疾儿童及其家长找到社区工作人员并向其求助。由于专业性的残疾儿童服务机构缺乏，已有的少数残疾儿童相关服务始终是一个被动传递的过程。

在残疾儿童康复问题上，一些地方政府也制定了相关儿童福利政策。例如，2008 年 10 月 7 日北京市出台了《北京市残疾儿童少年康复补助暂行办法》。根据这项新政策，北京市贫困残疾儿童各项康复服务实现“全免费”；残疾儿童进入机构康复训练将得到政府每人每月不超过 500 元的补贴；残疾儿童、少年在社区康复，每人每年将获得 1 000 元的康复补助；所有残疾儿童、少年可以获得免费配发的基本辅助器具。[1] 随着这项政策的出台，北京市将真正实现残疾儿童、少年康复服务全覆盖，直接惠及近 2 万名残疾儿童、少年。此外，北京市实行对家庭内重度残疾儿童的补贴政策，在这方面开了各地的先河。再如，2006 年民政部与李嘉诚基金会开展针对贫困家庭唇腭裂儿童的“重生行动”。这些残疾儿童福利政策的出台，表明国家已经对残疾儿童福利问题越来越重视。但是总体而言，目前我国残疾儿童康复工作仍处于分散救助、阶段性救助阶段，绝大多数残疾儿童只能依靠家庭或临时性社会救助接受康复服务。残疾儿童康复工作未被全面纳入国家社会保

[1] 北京市残疾人联合会、北京市教育委员会、北京市财政局、北京市卫生局：《北京市残疾儿童少年康复补助暂行办法》，http://zhengwu.beijing.gov.cn/gzdt/gggs/t1168136.htm，2012 年 5 月 24 日。

障的相关制度之中，残疾儿童接受康复服务缺乏持续、稳定的支持。残疾儿童康复服务机构，除聋儿康复服务体系初具规模外，其他视力、智力、肢体、精神残疾儿童的专门康复机构极其匮乏，部分领域还处于空白。

在残疾儿童的权益保护方面，我国相继颁布实施了《中华人民共和国残疾人保障法》、《中华人民共和国未成年人保护法》、《中华人民共和国母婴保健法》、《中华人民共和国收养法》等法律法规，对残疾儿童给予了充分关注，改善了他们的生活状况。但是我国残疾儿童生存的社会文化环境依然比较严峻。在家庭、社区、学校中，他们中的一些人依然是受人欺凌的对象。在有些落后的偏远山区，残疾儿童的处境甚至更加悲惨，往往成为愚昧、无知和野蛮行为的牺牲品。在城市里，一些不法分子操控残疾儿童卖艺、乞讨，甚至使正常儿童致残从而牟利，对他们的身心造成了严重的影响。目前，我国法律对于家长虐待、摧残、遗弃子女等行为，客观上不适宜对儿童实施监护和养育，需要实施监护权的转移没有明确的规定。近年来，在媒体上经常能见到儿童被虐待致残甚至致死的报道，对于那些生活在这种家庭中的儿童来说，他们所处的家庭环境无疑具有很大的风险。从儿童福利的角度来看，对“问题家庭”儿童探索推行监护权临时转移、实施家庭寄养也是儿童福利制度建设面临的重大课题。

三、学前教育和早教服务

从儿童福利事业发展的角度来看，中国目前急需解决和应对的问题主要有两个。

第一，农村地区早教和幼教的严重缺乏。农村幼托和幼儿教育是我国目前儿童福利事业中最薄弱的环节。由于政府将注意力主要放在农村义务教育上，农村学前教育服务基本上是由市场供给的，这一定程度上造成了农村公益性学前教育服务处于普遍缺乏状态。由于农村的基础条件差，加上农民的生产和生活方式，幼儿照顾完全由家庭承担。因此，农村0—3岁儿童的早期教育和智力开发在我国基本上是一个盲点。农村地区早教和幼教缺乏主要表现在三个方面：（1）幼教师资严重匮乏。目前农村幼教师资供需关系处于严重失衡状况。一方面农村幼儿园迫切需要专业教师，另一方面由于农村幼儿园条件差、待遇低，绝大多数具有合格学历、系统学习过学前教育专业的幼师毕业生不愿意去乡村幼儿园任教。这使得目前在农村民办园教师的专业素质比较低，实际从事教学工作的人员多为非学前教育专业学历。并且，现有农村幼教老师一旦有好的就业机会，就可能会停止办班，进而直接影响了农村幼教质量。（2）对幼教事业本质认识不足。农村家长甚至幼教老师往往认为，幼儿到园里就应该学会很多知识，回家后要背诵给家长听，写给家长看。在对幼儿的知识教育采取硬性注入的办法，使孩子的创新思维受到抑制。由于缺乏合理的教育模式，教育孩子的方法、语言、手段也不适合儿童的生理特点和掌握知识特点。而学前教育的小学化倾向实际上是剥夺了儿童的天性，对儿童的成长不利。（3）幼教机构管理缺位。由于农村的幼儿教育多数长期由民间兴办，政府在管理和监督方面缺少相应的规定。幼教机构也不知道归谁管理，怎么管理，这不仅使得农村幼教质量难以保证，还容易造成安全隐患。

由于农村地区早教和幼教严重缺乏，使得很多儿童没有上幼儿园，而直接进入小学开始义务教育。在学前教育都难以保障的情况下，更谈不上0—3岁儿童的早教服务。另外，由于农村地区大都是留守儿童，这些孩子很多都由祖辈照顾，隔代教育容易给儿童在认知、学习、性格等方面造成负面影响。因此，加强农村学前教育服务不仅可以进行早期智力开发、为上小学做准备，更重要的是可以让儿童在一定程度上避免隔代教育的负面影响。农村幼儿教育和早期教育事业关系着农村的发展和国家的未来，农村幼教和早教的缺乏不仅会对儿童的发展造成影响，而且对于国家未来人力资源的开发和人才强国战略也会有影响。如何使农村的孩子接受良好的、均衡的教育也是中国儿童福利事业发展面临的一个重要问题和挑战。

第二,城市地区（尤其是大城市）的“入园难”、“入托难”和“早教过度商业化”。目前北京、上海、广东等城市地区已经出现入园难现象，并成为社会问题引起关注。近年来，随着适龄入园儿童数量的迅速上升和人民群众对优质学前教育的迫切需求，家长从学前教育开始就追求不让自己的孩子输在起跑线，学前教育也像“小升初”一般出现了择校现象，学前教育资源不足的矛盾更加突出,这使得社会对“入园难”反映强烈。有关统计数字显示,在我国,幼教占公共教育经费的比重仅为1.3%，这一数字远远低于世界平均水平。公共投入不足，幼儿园的运营开支就不得不转嫁到社会，由家长埋单。由于公办幼儿园难进，而一些质量好的民办幼儿园太贵，很多城市低收入家庭（特别是农民工家庭）儿童甚至不上幼儿园，而只在上小学前上个学前班。另外，城市地区0—3岁儿童的早教服务大都由商业机构举办，带有明显的营利性质的早教服务容易导致家庭忽视早教。从儿童发展的角度来看，公益性儿童早教非常重要,社会对此也有十分迫切的需求。解决城市地区“入园难”、“入托难”和“早教过度商业化”问题也需要国家从儿童福利政策的角度予以回应。

四、儿童福利机构服务专业化问题

改革开放后，中国儿童福利机构经过多年的建设，无论在硬件条件、收养人数和养育方式方面都取得了很大的进步。但随着社会经济进一步发展，机构养育方式本身具有的缺陷也会逐渐放大，这包括：（1）从国家的角度看，机构养育增加了国家财政负担。与家庭养育方式相比，公办儿童福利机构涉及场地、人员、日常维护等开支，这些都需政府大量的财政投入。（2）从儿童发展的角度看，机构照顾弊端包括无法提供持续性的照顾，造成角色缺位或角色冲突，难以建立正常的心理依恋；封闭环境中的养育不利于儿童健全人格的培养；福利机构养育弱化了儿童的社会属性，无法顺利完成其社会化，造成融入社会困难等问题。这些问题都需要在未来儿童福利机构发展过程中重点考虑。（3）从服务提供的角度来看，我国儿童福利院最重要的问题是专业化水平急需进一步提高。由于儿童福利服务对象复杂，因此儿童福利服务是一个高度专业化的领域，这已在社会上形成了共识。但目前中国儿童福利机构服务专员化的进展却不尽人意。目前工作人员的整体素质比较低，体疗师、娱乐师、心理治疗员、音乐治疗师、语言治疗师和社会工作者等儿童福利专业人员十分缺乏。不少儿童福利机构的服务还主要停留在对儿童的衣、食、住等基本生存需求的满足上，对他们心理和情绪问题较少关注。

儿童社会工作者是机构内最重要的专业性儿童福利服务提供者。儿童社会工作涉及儿童生理心理发展、社会环境建设、儿童工作技巧、群体和个体关系、发展偏向矫治等一系列知识和技能，是一项需要专业价值观和专业技能的职业。目前我国已经开始重视儿童社工队伍的建设。例如，采取措施在福利机构内部设置社会工作岗位，开展社会工作岗位培训；建立社会工作者职业资格制度和专业职称评审制度；根据福利机构的职责任务，制定各个岗位的专业标准和操作规范；推动和开展儿童福利机构专业人员的国际交流，等等。但总体看来，儿童福利服务专业化还很不成熟，儿童福利工作者的知识水平与服务技能仍然较低，有大量工作需要进一步推动，具体包括：建立中国儿童社会工作的理论框架，普及当今世界公认的儿童权利观，实现儿童福利工作理念的转变；编写儿童社会工作教材，将儿童社会工作作为一个专门领域进行推动，培养专门的儿童社工；科学设置儿童福利机构岗位，加强孤残儿童护理员、医护人员、特教教师、社工、康复师等专业人员的培训；推广儿童福利院先进的工作经验和模式，加强儿童福利机构的国际交流；逐步建立有更大影响的儿童福利服务的社团组织，担负起儿童福利理论研究和行业评估的作用等。

第二节 | 儿童福利观念的转变问题及适度普惠型儿童福利探索

儿童福利制度的发展本质上取决于儿童福利观念的转变。总体来看，我国目前的儿童福利发展水平仍然处于残补型阶段，要想进一步提高儿童福利水平，必须使全社会对于儿童福利的观念发生根本变化，儿童福利制度才能发生根本变化。否则，儿童福利制度的发展只能是细枝末节的改进。

一、儿童福利观念转变和适度普惠型儿童福利理论讨论

在传统的残补型儿童福利理念下，国家对儿童主要提供替代性服务，即为那些失去家庭保护的儿童提供救助保护。随着西方福利国家儿童福利从残补型儿童福利转向普惠型儿童福利，儿童福利理论也在不断发展。总体来看，目前最重要的普惠型儿童福利的理论基础包括三个，这些理论对于中国建设普惠型儿童福利制度有重要的启示意义。

（一）新的儿童福利理念的出现

1. 作为社会投资的儿童福利。

20 世纪 70 年代末期福利国家危机以来，特别是 20 世纪晚期在全球化的冲击下，人们开始反思经济政策与社会政策之间的关系。发展规划者愈加清楚地认识到非常有必要将社会分析、社会政策系统性地融入发展政策设计和实施的主流中去。在这一背景下，发展型社会政策(Social Policy for Development)逐渐被提出来。发展型社会政策的对象不再只是贫困者或不幸者，而是一种增进全体社会成员经济和社会能力的社会资源再分配机制，并特别注重人的发展。发展型社会政策的手段是多层面的，但是其核心是将社会政策看作一种社会投资行为。儿童福利又是这种发展型社会政策最重要的组成部分。帮助儿童和支持家庭是发展型社会政策"上游干预"反贫困政策。原因在于，在经济全球化的环境下，消除贫困不仅代价高昂，也是很难实现的事情。因而，只有预防贫困才能达到消除贫困的目的。[1] 在这种儿童福利观念下，儿童福

---

[1] 张秀兰、徐月宾：《发展型社会政策及其对我们的启示》，转引自杨团、张秀兰主编：《当代社会政策研究Ⅱ》，中国劳动社会出版社 2007 年版，第 154—159 页。

利不再被视为“福利”，而是一种社会投资。社会投资区别于福利的重要特征是未来将获得回报，因而将具有消极特征的福利转变为具有积极特征的社会政策。这从理论上证明了儿童福利扩张的必要性和紧迫性。就中国的情况来说，对儿童的投资是对国家未来和社会未来的投资。儿童是中国未来发展最重要、最宝贵，但又最稀缺的资源，在这种情况下，儿童福利不能再仅仅是家庭的责任，而是对国家未来的投资。因此，国家需要重塑观念，重视对儿童的投资，进而推动儿童福利事业的进一步发展。

2. 作为儿童权利的儿童福利。

《联合国儿童权利公约》于 1989 年 11 月 20 日第 44 届联合国大会第 25 号决议通过。《儿童权利公约》共 54 条，实质性条款 41 条，其中被提到的儿童权利多达几十种，如姓名权、国籍权、受教育权、健康权、医疗保健权、受父母照料权、娱乐权、闲暇权、隐私权、表达权等。其中最基本的权利可以概括为四种：（1）生存权。每个儿童都有其固有的生命权和健康权，包括有权接受可达到的最高标准的医疗保健服务。（2）受保护权。不受危害自身发展影响的、被保护的权利，包括保护儿童免受歧视、剥削、酷刑、虐待或疏忽照料，以及对失去家庭的儿童和难民儿童的基本保障。（3）发展权。充分发展其全部体能和智能的权利，包括儿童有权接受正规和非正规的教育，以及儿童有权享有促进其身体、心理、精神、道德和社会发展的生活条件。（4）参与权。参与家庭、文化和社会生活的权利，包括儿童有参与社会生活的权利，有权对影响他们的一切事项发表自己的意见（表达权）。这些权利和自由是依据工业化与现代化国家的社会经济发展状况而制定的，已成为国际社会共同遵守的国际惯例与国际通则。由于这些儿童权利是基于儿童福利高度发展的发达国家的实践提出来的，因此这些儿童权利保障实际上意味着要在一个非常高的层次上满足儿童各个方面的福利需求。这对于经济社会总体仍然处于发展中国家水平的中国来说，具有一定的挑战性。并且，由于中国的国情不同，决策者、服务机构管理者和儿童福利工作者对现有儿童权利和基本原则的理解千差万别,许多基础理论与政策问题有待研究。但是，以《联合国儿童权利公约》为基础，逐步倡导和促进儿童权利的全面实现，在未来将是我国全面提升儿童福利、建设普惠型儿童福利制度的重要理论基础。

3. 作为准公共产品的儿童福利。

儿童福利的提出从根本上来说是国家对家庭提供儿童服务功能的争夺。国家提供的儿童福利越发达，家庭所提供的儿童保护和服务就越弱。反之，如果家庭能够满足儿童所有的需求，那么国家提供的儿童福利就没有存在和发展的必要。从这个角度来看，现代儿童福利的发展过程就是一个国家对家庭儿童保护功能的侵入和接替的过程。在现代社会中，家庭在儿童保护方面的作用正发生着巨大的变化，这些变化已经对儿童的成长产生了负面影响：（1）家庭功能弱化。在现代社会，家庭核心化使得父母迫于生存竞争的压力，往往将主要精力用于谋生或获取谋生的手段，而用来照顾儿童和与儿童沟通的时间非常有限。并且，年轻的父母普遍缺乏抚育儿童的知识和技能，也没有精力接受这方面的教育或培训。（2）问题家庭增多，不稳定因素增加。在现代社会，家庭关系变得更加不稳定，家庭暴力现象增多，离婚率上升；人们对婚姻和家庭的观念也发生了变化；家庭成员用于沟通的时间普遍减少。在这种情况下，儿童虐待和儿童忽视等问题更容易出现。而儿童是弱势群体，没有保护自己的能力（包括生理和心理），也缺乏主动求助的能力，很容易成为家庭暴力和事故的受害者。

上述情况表明，在现代社会，儿童对超出家庭以外的社会福利服务的需求将会不断增加。在这种情况下，政府必须采取更加积极的儿童福利政策，以满足儿童及其家庭的种种需求。随着社会的进步和人们生活水平的提高，为儿童提供各种照顾和帮助的责任主体已逐步由家庭向社会过渡，政府和社会在儿童的成长和发展过程中扮演着愈来愈重要的角色。特别是随着城市化和家庭小型化的社会发展趋势，为各种困境儿童（例如，孤儿、残疾儿童、流浪儿童、受艾滋病影响的儿童、贫困家庭中的儿童）提供服务的责任已经超过了家庭的负担能力，必须依靠政府的福利供给。同时，随着社会经济的发展，儿童福利需求的水平也在提高。政府必须为一般儿童提供更多的普惠型福利，包括为所有儿童提供基本医疗卫生服务，保障所有儿童达到一定的营养水平，提供基本教育服务和幼托服务，为所有儿童提供免受虐待和忽视的社会保护，保障所有儿童的社会参与等。因此，国家越来越深入地介入儿童的养育和保护已经成为儿童福利制度发展的重要趋势。在普惠型儿童福利制度安排下，政府承担了提供儿童福利的主要责任，儿童不再被视为家庭的内部事情，而越来越被当作具有公共性质的准公共产品。

（二）适度普惠型儿童福利理论讨论

从人类社会历史发展的角度来看，儿童成长和照顾主要是由家庭、国家或社会来承担的，因此儿童福利供给的主体是家庭、国家或社会。从福利的角度来看，由于儿童不能进入劳动力市场获得福利而只能依赖成年人的帮助，因此儿童福利制度本质上是要协调家庭与国家二者在儿童福利供给过程中的关系与角色定位。而如何确立国家和家庭在儿童福利问题上的角色定位，则涉及我们怎么看待儿童、儿童养育的责任归属以及国家的本质是什么等问题。在不同时期、不同文化背景、不同儿童价值观念和不同福利模式下，国家和家庭对儿童所承担的历史责任也有所不同。从儿童福利的历史发展来看，在传统农业社会，儿童养育的职责主要由家庭承担，特别是由母亲、祖母等女性家庭成员承担。父母被社会文化赋予养育孩子的权利和责任，使孩子被当成了父母的私有财产，儿童的福利完全取决于家庭福利。在这种情况下，也不可能出现普惠型儿童福利制度。工业革命之后，现代民族国家开始系统地关注儿童福利，通过或积极或消极、或公开或隐蔽地发展家庭与儿童政策介入到儿童抚育事务之中，积极关注贫穷儿童、孤残儿童、被遗弃儿童，关注儿童的基本医疗保健，关注他们的受教育问题，关注儿童忽视与虐待，进而关注家庭无力照顾的孩子和越轨儿童。[1] 最典型的是英国 1889 年颁布实施的《儿童法案》赋予了法庭以剥夺忽视、虐待儿童的父母监护权的权力。这是人类历史上第一次从法律上打破了孩子是父母私有财产的神话，为国家干预儿童抚育事务提供了充分的法律基础，成为国家介入儿童福利的理论基础，同时也为福利国家建设普惠型儿童福利制度提供了可能。

福利理论中最典型的分类方式是将社会福利分为“制度型福利”（Institutional Social Welfare）和“残补型福利”（Residual Social Welfare）。制度型福利模式将福利制度化，成为整个经济运行机器中不可分割的一部分；残补型福利模式集中地解决遗留在机制之外的问题。罗伯特·平可认为，社会福利的残补模式与经济增长的乐观理论密切相关，因为随着增长和繁荣，贫困现象就会减少。社会福利将目标有选择地集中在一群残留的、不断减少的

[1] Thomas N.（2000）, *Children, Family and the State: Decision-making and Child Protection*. Basingstoke, Hampshire:Macmillan; New York: St. Martin's Press.

少数需求者身上。相反，社会福利的制度型模式则认为贫困现象在持续和恶化，特别强调产业结构和人口趋势给社会带来的问题。这些问题的存在决定了大范围内普遍地提供机制化服务的必要性。[1] 从实践的情况来看，如果认为社会福利的对象仅仅是那些不断减少的贫困者，那么其社会福利的模式必然是残补型福利。相反，如果认为社会福利的对象是那些由于产业结构变化或人口结构变动造成的贫困者，那么发展制度型福利模式的结果必然会形成普惠型福利。这一理论同样可用于解释残补型儿童福利和普惠型儿童福利，即残补型儿童福利的对象仅仅是少数贫困儿童，而普惠型儿童福利的对象则是大多数甚至是全体儿童。

残补型和制度型福利模式还有另外一种解释。哈罗德·维伦斯基认为残补型（补救型）福利重视家庭和市场，但是家庭和市场因为受其他因素驱动不能被纳入社会福利的范畴。制度性模式不包含个人耻辱、紧急情况和不正常因素，在价值观念上承认现代生活的复杂性，旨在社会整合正规化。在以社会目标为依据的福利中，美国人更倾向于“残补模式”和有限政府干预，欧洲人则更倾向于制度模式和全面政府干预。[2] 这一理论解释从本质上阐述了政府提供社会福利的基础。根据国家介入儿童福利的程度，同样可以分为残补型儿童福利和制度型儿童福利制度。残补型儿童福利制度强调家庭和市场的作用，只有当家庭和市场难以满足儿童的福利需求时，国家才开始介入儿童福利的供给。而制度型儿童福利制度强调政府在社会福利供给中的主体作用，要求政府构建满足所有社会成员需求的社会福利体系。

---

[1] 周宏：《福利的解析：来自欧美的启示》，上海远东出版社 1998 年版，第 9 页。

[2] Harod Wilensky and Charles Leberux（1965），*Industrial Society and Social Welfare*, The Free Press：New York, pp.138-140.

从儿童福利提供的角度来看，台湾学者林胜义以社会学角色理论为基础，将儿童福利分为三种类型：支持性福利服务、补充性福利服务和替代性福利服务。支持性福利服务指虽然家庭结构完整，但因家庭危机可能导致家庭产生变数，进而影响儿童，因此提供支持性服务。补充性福利服务指因服务角色执行不适当，严重伤害亲子关系，但其家庭结构可透过适当协助，子女仍能生活在家庭中，而不再受到伤害，或者也可以通过家庭系统之外给予补充性服务。替代性福利服务指子女陷入反常危机情境，家庭功能或亲子关系严重丧失，以至于儿童不适合生活在原生家庭，儿童需要短暂或永久解除亲子关系，需要将儿童安排到替代性居住场所，进行短期或永久的安置和教养。[1] 按照这种分类标准，如果政府只提供替代性福利服务，那么就是典型的残补型儿童福利模式。如果政府提供三种儿童福利服务，那么服务范围将大大扩展而更接近于制度型（普惠型）儿童福利服务。

从新中国成立至改革开放初期很长的一段时间内，我国习惯上所定义的儿童福利主要是指由民政部门举办的儿童福利院服务，其目标群体是孤儿、弃婴和残疾儿童。这些儿童通常入住儿童福利院，也有部分住在综合福利院。儿童福利院的功能主要是弥补无法发挥家庭功能而带来的缺失，这种福利模式是一种典型的残补型儿童福利。改革开放之后，随着中国经济实力增长和社会保障制度改革的推进，儿童福利制度也开始改革。总体看来，改革的趋势是国家越来越广泛和深入地介入儿童福利，取代家庭的福利供给主体地位。种种迹象表明，普惠型儿童福利很可能是中国未来儿童福利的选择，但是中国国家介入儿童家庭的广度和深度不可能在短时间内达到西方福利国家的水平。在这种背景下，适

[1] 郭静晃：《儿童福利》，杨智文化股份有限公司 2004 年版，第 23 页。

度普惠型儿童福利被政府提出来。如果中国未来的儿童福利制度是走向普惠型儿童福利制度，那么适度普惠儿童福利制度就是一个过渡形式。

关于什么是“适度普惠型”福利的内涵，国内学术界目前还没有形成共识。景天魁认为，目前政府所推动的社会福利建设的内在逻辑是从原来以狭义的社会福利为主导的“补缺型”社会福利向以广义的社会福利为主导的“普惠型”社会福利模式转变，是由“小福利”向“大福利”的转变，这种转变体现了政府关注民生和关注儿童福利的理念。[1] 大福利与小福利的表述类似于西方学者残补型和普惠型的二元福利模式。也有学者提出，“适度普惠型”社会福利作为“补缺型”和“全民普惠型”社会福利之间的一个过渡阶段，要和社会经济发展相联系，具有特定性和阶段性。[2] 王思斌也认为，“适度普惠型”福利制度要基于本国的社会和经济状况，向国民提供保证基本生活的福利。[3] 此外，相当多的研究者认为适度普惠的水平并非由政府包办，依然是多元福利提供。例如，林闽钢和彭华民认为，“适度普惠型”社会福利模式要实现政府为主导，要有层次性、标准化，要形成多元分担责任的格局。[4] 因此，适度普惠型社会福利是中国走向普惠型社会福利制度的一个过渡阶段。适度普惠型社会福利依然是政府主导和多元参与，有别于普惠型制度下的主要由政府提供。

---

[1] 景天魁、毕天云、高和荣等：《当代中国社会福利思想与制度：从小福利迈向大福利》，中国社会出版社 2011 年版，第 1—4 页。

[2] 戴建兵、曹艳春：《论我国适度普惠型社会福利制度的建构与发展》，《华东师范大学学报（哲学社会科学版）》，2012 年第 1 期。

[3] 王思斌：《我国适度普惠型社会福利的构建》，《北京大学学报（哲学社会科学版）》，2009 年第 3 期。

[4] 彭华民：《中国组合式普惠型社会福利的构建》，《学术月刊》，2011 年第 10 期；林闽钢：《中国适度普惠型社会福利体系发展战略》，《中共天津市党校学报》，2011 年第 4 期。

国内学者也有一些关于国家介入儿童福利理论的论述。例如，陆士祯在谈到中国适度普惠型儿童福利制度的供给时认为，“适度普惠”是基于诸多因素而提出的中国特色社会福利制度体系：第一，“适度普惠”的福利制度是社会主义制度价值的必然选择。我们是社会主义国家，让每一个公民都享受到公平的待遇，每个人都获得自由和平等，是共产党执政的根本目标，共产党的政府有责任让每一个人都获得最好的生活。第二，“适度普惠”的福利制度是“以人为本”执政理念的集中体现。以人为本，是科学发展观的核心，是共产党坚持全心全意为人民服务的根本宗旨的体现，也是我们党在新时期的一个根本指导方针。第三，“适度普惠”的福利制度突出政府责任，在国家、社会（社区）、市场、个人（家庭）之间建立一种动态的责任分担平衡机制。第四，“适度普惠”的福利制度呈现多层次性，在人群覆盖和需求满足上逐步扩大至全方位。[1]传统中国儿童福利只为失去家庭保护的孤残儿童提供替代性福利服务，这种理论观点从本质上也是强调在现阶段加强国家提供儿童福利的必要性。

与理论争论相反，中国政府对于什么是适度普惠型儿童福利有比较明确的官方表述。民政部副部长窦玉沛曾经在论述适度普惠型儿童福利制度时指出，中国儿童福利保障对象的范围是随着经济发展、社会文明进步而逐步拓展的，从孤儿到困境儿童，最终目标是所有儿童。儿童福利呈现从补缺型向普惠型不断转型的轨迹。[2]适度普惠型儿童福利制度主要体现在困境儿童福利方面。困境儿童福利实际上是介于残补型儿童福利制度和普惠型儿

---

[1] 陆士祯：《适度普惠社会保障体制下的社会福利服务——以儿童福利的视角》，《社会保障研究》，2010 年第 2 期。

[2] 窦玉沛：《儿童福利：从补缺型向适度普惠型转变》，《社会福利》，2011 年第 4 期。

童福利制度的一种中间状态。过去，儿童福利仅限于福利机构集中养育的孤儿和弃婴，现在已进入了以全体孤儿为福利保障对象。2010 年 11 月国务院办公厅下发的《关于加强孤儿保障工作的意见》已将机构内和社会散居孤儿统一纳入，并确立了孤儿基本生活保障制度。困境儿童福利不同于传统孤残儿童福利，因为孤残儿童福利在服务对象和服务方式上都有明显变化。困境儿童概念在覆盖范围上已经超出了传统孤残儿童。根据 2013 年 6 月民政部下发的《民政部关于开展适度普惠型儿童福利制度建设试点工作的通知》(民办函〔2013〕167 号)，适度普惠型儿童福利制度要求按照“适度普惠、分层次、分类型、分标准、分区域”的理念进行。“分层次”即将儿童群体分为孤儿、困境儿童、困境家庭儿童、普通儿童四个层次。困境儿童分残疾儿童、重病儿童和流浪儿童三类；困境家庭儿童分为父母重度残疾或重病的儿童、父母长期服刑在押或强制戒毒的儿童、父母一方死亡而另一方因其他情况无法履行抚养义务和监护职责的儿童、贫困家庭的儿童四类。在儿童服务津贴提供上，要在对儿童（尤其是孤儿、困境儿童、困境家庭儿童）进行分类的基础上，为这些儿童发放基本生活补贴，对于残疾儿童和重病儿童，在补贴基本生活费的基础上还要发放医疗康复补贴。在服务提供方式上，实现适度普惠的儿童福利需要构建四个体系，具体包括适度普惠型儿童福利政策体系、适度普惠型儿童福利的标准体系、适度普惠型儿童福利服务体系和适度普惠型儿童福利的工作评价体系。[1] 适度普惠型儿童福利制度将儿童分为孤儿、困境儿童、困境家庭儿童和普通儿童，在此基础上又将困境儿童和困境家庭儿童分别细分为三类和四类，这种划分从根本上突破了传统民政服务对象仅仅将儿童区分为特殊儿童（孤

[1] 卢廷明：《实现适度普惠型儿童福利的构想》，《社会福利》，2009 年第 7 期。

残儿童）和普通儿童，在理论上和实践上都具有重要意义。

二、适度普惠型儿童福利制度建设实践

中国适度普惠型儿童福利制度实践已经经历了一段时间的探索，在困境儿童的救助保护方面已经取得了很大的进展。总体来看，除了为孤残儿童和流浪儿童以提供服务为主之外，针对其他困境儿童福利目前主要是为他们及其家庭提供资金支持（即福利津贴），并且这种资金支持主要集中在基本生活保障和教育两个方面。表7.1是国内现有困境儿童基本生活保障福利津贴情况。

表 7.1　国内现有儿童福利津贴（基本生活保障）

名称	受益对象	补贴额度	实施时间	标志性政策
儿童村工作人员工资和孤儿生活费标准以及有关福利待遇	儿童村孤儿	青年城孤儿每月生活费由91元增加到125元。其中：伙食费70元，服装费25元，洗理费8元，水电费7元。儿童村孤儿生活费由每月91元增加到105元。其中：伙食费60元，服装费20元，学杂费13元，洗理费5元，水电费仍为7元。	1992年	《民政部办公厅关于调整儿童村工作人员工资和孤儿生活费标准以及有关福利待遇问题的通知》
受艾滋病影响儿童福利保障	受艾滋病影响儿童	基本生活不低于当地平均生活水平的养育标准；与其他儿童均等的受教育机会；便利的基本医疗条件；就业和生活服务制度；妥善安置艾滋病致孤儿童。	2009年	《民政部关于进一步加强受艾滋病影响儿童福利保障工作的意见》（民发〔2009〕26号）

续表

名称	受益对象	补贴额度	实施时间	标志性政策
福利机构儿童最低养育标准	福利机构儿童	建立福利机构儿童最低养育标准为每人每月1 000元，含伙食费、服装被褥费、日常用品费、教育费、医疗费、康复费，不含大病医疗救助费、寄养家庭劳务费。	2009年	《关于制定福利机构儿童最低养育标准的指导意见》（民发〔2009〕77号）
孤儿津贴	全体孤儿	福利机构儿童最低养育标准为每人每月1 000元；社会散居孤儿最低标准为每人每月600元。	2010元	《民政部财政部关于发放孤儿基本生活费的通知》（民发〔2010〕161号）
部分烈士子女定期生活补助	居住在农村和城镇无工作单位、18岁之前没有享受过定期抚恤金待遇且年满60周岁的烈士子女	中央财政补助标准为每人每月130元；地方政府还可通过增发补助金或采取其他方式予以补助。	2011年7月	《关于给部分烈士子女发放定期生活补助的通知》（民发〔2012〕3号）
农村义务教育学生营养膳食补助	农村义务教育阶段学生	从2011年秋季学期起，每生每天小学4元，初中5元。	2011年秋季	《关于实施农村义务教育学生营养改善计划的意见》（国办发〔2011〕54号）

续表

名称	受益对象	补贴额度	实施时间	标志性政策
发放艾滋病病毒感染儿童疾病生活费	艾滋病感染儿童	各省（自治区、直辖市）要根据城乡生活水平、儿童成长需要和财力状况，按照不低于当地平均生活水平的原则，合理确定感染儿童疾病生活费标准，具体标准参照当地孤儿基本生活费额度，全额执行。	2012年	《民政部 财政部关于发放艾滋病病毒感染儿童基本生活费的通知》（民发〔2012〕179号）
孤儿最低养育标准	孤儿	制定全国统一的社会散居孤儿最低养育标准，标准为每人每月600元。各地要根据当地经济发展水平，在最低养育标准基础上确定本地孤儿养育标准，并根据平均生活水平和物价上涨指数建立自然增长机制。	2012年	《关于制定孤儿最低养育标准的通知》

资料来源：儿童福利条例研究课题组：《儿童福利资料汇编（上篇）》，2013年，第1—2页。

从上表可以看出，基本生活保障类的儿童福利津贴主要面向孤儿、受艾滋病感染儿童、烈士子女和农村义务教育阶段儿童。津贴大体可以分为两类：一是福利机构儿童津贴，包括儿童福利机构儿童最低养育标准和儿童村孤儿生活费标准；二是非机构困境儿童津贴，包括社会散居孤儿最低养育标准、感染艾滋病儿童生活费标准、受艾滋病影响儿童养育标准、农村义务教育学生营养膳食补助标准、烈士子女定期生活补助。从时间津贴项目设立时间来看，除了儿童村工作人员工资和孤儿生活费标准以及有关福利待遇是 1992 年设立之外，其他都是 2009 年之后才设立的，这与中国建立适度普惠型儿童福利制度在时间上非常吻合；从津贴标准的高低来看，福利机构内儿童的保障标准要高于非机构儿童的保障标准，这表明困境儿童的机构养育的成本要明显高于家庭养育；从资金来源的途径来看，既有中央政府也有各级地方政府承担，这表明中国在儿童福利的责任承担方面有明确分工，既有中央政府的责任，也有地方政府的责任。

儿童福利津贴的另一个重要领域是教育。从表 7.2 可以看出，与教育有关的困境儿童津贴项目的设立时间要明显早于基本生活保障类的津贴项目。这表明，国家在理念上长期以来是将困境儿童教育保障优先于儿童的生活保障。从受益对象来看，包括义务教育阶段儿童、中等职业学校学生以及高中阶段经济困难学生。这表明国家不仅关注义务教育阶段的学生。而且将政策延伸到了各个阶段的学生，保障各个阶段的学生都能完成学业；从儿童津贴方式来看，既包括免除书费、杂费等，也包括生活补助（例如补助寄宿生生活费、资助学校和生活费用开支等）。总体来看，所有教育类的儿童补助对象都是家庭经济困难学生，救助性特征十分明显。

表 7.2　中国现有儿童福利津贴（教育）

名称	受益对象	补贴额度	实施时间	标志性政策
“两免一补”	农村义务教育阶段家庭经济困难学生	免教科书费，免杂费，补助寄宿生生活费。	2001 年	

续表

名称	受益对象	补贴额度	实施时间	标志性政策
国家扶贫开发工作重点县“两免一补”	农村义务教育阶段贫困家庭学生	免书本费，免学杂费，补助寄宿生生活费：中央财政从2005年春季起提高免费教科书补助标准，小学每学期每人35元，初中70元，特教35元。	2005年	《关于加快国家扶贫开发工作重点县“两免一补”实施步伐有关工作意见的通知》（国办发〔2005〕7号）
中等职业学校家庭经济困难学生资助	所有全日制在校农村学生和城市经济困难学生	每生每年1 500元，国家资助两年，第三年实行学生工学结合、定岗实行。	2007年	《国务院关于建立普通本科高校高等职业学校和中等职业学校家庭经济困难学生资助政策体系的意见》（国发〔2007〕13号）
普通高中国家助学金	具有正式注册学籍的普通高中在校的家庭经济困难学生	平均资助标准为每生每年1 500元，用于资助家庭经济困难学生的学校和生活费用开支，具体标准由各地结合实际在1 000—3 000元范围内确定，可以分3档。	2010年11月	《普通高中国家助学金管理暂行办法》（财教〔2010〕461号）

资料来源：儿童福利条例研究课题组：《儿童福利资料汇编（上篇）》，2013年，第1—2页。

2013年是中国建设适度普惠型儿童福利制度的重要年份。在中央和地方各级政府的推动下，全国各地纷纷建立或规划困境儿童保障制度。但总体来看，各地困境儿童保障建设的进度并不一致。根据对媒体相关报道进行的统计，除港、澳、台地区外，我国有

15 省份为困境儿童（部分地区包括困境家庭儿童）提供基本生活保障，其中 9 省份仅在部分地区和试点地区开始对困境儿童提供保障。新疆、西藏、甘肃等经济较不发达地区尚未建立起困境儿童保障制度。另外，有 11 省份对困境儿童提供教育减免、教育补助、康复补助等保障措施。据统计，相关保障措施主要关注残疾儿童、重病儿童和流浪儿童三类困境儿童。部分地区的具体政策则涵盖了困境儿童和困境家庭儿童。表 7.3 是 2013 年全国部分省区市困境儿童基本生活保障情况，表 7.4 是 2013 年部分省区市困境儿童教育和康复补助情况。

表 7.3　2013 年中国部分省区市困境儿童基本生活保障情况

地区	儿童类型	建立情况	时间	文件或内容
北京	困境儿童	已建立	2013 年 8 月	建立适度普惠福利制度，将困境儿童纳入孤儿社会保障体系
天津	流动儿童	已建立	2013 年 4 月	《关于申报困难流动妇女儿童救助金的通知》
黑龙江	孤儿、残疾儿童	准备中		探索建立以孤儿、残疾儿童、单亲家庭未成年人发放津贴为核心的未成年人福利制度。
江苏	困境儿童	试点地区	2013 年	困境儿童分类保障制度和事实无人抚养儿童保障制度在昆山试点，2014 年将在全省推广。
浙江	困境儿童	部分地区	2013 年	《浙江省探索建立普惠型儿童福利制度“先行先试”试点实施方案》(浙民儿〔2013〕72 号)
安徽	孤儿、困境儿童	已建立	2013 年	《安徽省 2013 年 33 项民生工程实施办法　生活无着人员社会救助实施办法》

续表

地区	儿童类型	建立情况	时间	文件或内容
山东	困境儿童	部分地区	2013 年 12 月	青岛市《关于做好事实无人抚养儿童保障工作的通知》
河南	困境儿童	试点地区	2013 年	“五位一体”（助养、助困、助医、助学、助业）救助体系
湖南	困境儿童部分地区	试点地区	2013 年	困境儿童基本生活保障试点工作
广东	事实无人抚养孤儿	部分地区	2013 年 12 月	“关爱困境儿童”生活费补贴
海南	残疾儿童	已建立	2013 年 7 月	《海南省重度残疾人生活补助实施方案》（琼府办〔2009〕196 号）
重庆	事实无人抚养孤儿	已建立	2013 年 10 月	《建立事实无人抚养困境儿童生活补贴制度的通知》（渝民发〔2012〕116 号）
四川	困难儿童、孤儿	部分地区	2013 年 2 月	孤儿和特殊困难儿童救助保障体系
贵州	困境儿童	部分地区	2013 年 10 月	“六位一体”（助居、助学、助医、助困、助养、助业）救助工作
陕西	残疾儿童	已建立	2013 年 12 月	《陕西省残疾人生活补贴实施意见》（陕残联〔2012〕15 号）及《陕西省残疾人生活补贴实施意见的补充通知》（陕残联〔2013〕228 号）

资料来源：北京师范大学中国公益研究院儿童福利研究中心编：《中国儿童福利月度分析》，2013 年第 12 期。

表 7.4　2013 年中国部分省区市困境儿童教育、康复补助情况

地区	范围	建立情况	时间	文件或内容
福建	重病儿童	已建立	2013 年 1 月	《关于加强儿童医疗卫生服务工作的实施意》
	残疾儿童	已建立	2013 年	全面实施特教学生“三免一补”并提高补助标准
贵州	困境儿童	部分地区	2013 年 10 月	“六位一体”（助居、助学、助医、助困、助养、助业）救助工作
江西	困境儿童	已建立	2013 年	《江西省学前教育三年行动计划（2011—2013 年）》
山东	残疾儿童	已建立	2013 年 4 月	《残疾儿童康复救助办法》
天津	困境儿童	已建立	2013 年 7 月	《天津市学前教育资助金管理办法（暂行）》（津财教〔2012〕26 号）
云南	贫困儿童	部分地区	2013 年 6 月	学前教育家庭经济困难儿童资助资金
宁夏	困境儿童	已建立	2013 年	学前一年教育资助制度
山西	孤残儿童 困境儿童	已建立	2013 年	《关于印发山西省建立学前教育资助制度实施方案的通知》
辽宁	贫困儿童 流动儿童	已建立	2013 年	对学前三年在园家庭经济困难儿童发放入园资助金，流动儿童享受同等待遇
广西	孤儿 残疾儿童 贫困儿童	已建立	2013 年	《关于印发广西学前教育资助管理暂行办法的通知》（桂教〔2012〕19 号）

资料来源：北京师范大学中国公益研究院儿童福利研究中心编：《中国儿童福利月度分析》，2013 年第 12 期。

从表 7.3 和表 7.4 可以看出，第一，我国大部分省区市建立的困境儿童保障尚未涵盖所有困境儿童。目前的保障政策仅针对

特定的儿童类型，如残疾儿童、重病儿童或流浪儿童，或者说在传统特殊儿童的基础上有所拓展。按照民政部对困境儿童的定义，困境儿童包括由于儿童自身问题陷入困境的儿童（残疾儿童、重病儿童和流浪儿童）以及由于家庭问题而陷入困境的儿童（父母重度残疾或重病的儿童、父母长期服刑在押或强制戒毒的儿童、父母一方死亡而另一方因其他情况无法履行抚养义务和监护职责的儿童、贫困家庭的儿童）。但是目前的福利制度只覆盖了由于自身陷入困境的困境儿童，还远远没有惠及因家庭问题而陷入困境的困境家庭儿童。

第二，建立生活保障制度的省区市要比提供教育、康复保障制度的省区市要多，但困境儿童的教育、康复补助所覆盖的儿童范围类型要比生活保障宽一些，一些地方的困境儿童教育、康复补助还包括了流动儿童。另外，很多地方还将学前教育纳入资助范围，这是以前的儿童福利制度从未涉及的领域，显示出适度普惠型儿童福利制度的覆盖对象和覆盖领域正在不断拓展。但是，困境儿童保障的具体内容也有空白，如目前只有部分地区为困境儿童提供专项补助，以帮助困境儿童接受教育、医疗等服务。另外，所谓适度普惠型儿童福利制度也主要是现有生活、教育和康复三项，各地尚未建立起覆盖所有困境儿童类型、满足困境儿童其他必要需求的保障制度。

第三，从保障形式来看，大部分地区对困境儿童的保障以生活补助为主，部分地区为困境儿童提供教育、医疗康复等补助，或进行医疗基础设施建设。但是总体看来，针对困境儿童的福利服务比较缺乏。一般认为，为儿童提供发放现金的福利形式相对比较容易，而为儿童提供福利服务不仅需要现金支出，还需要培训大量儿童服务专业人员，不仅成本大而且操作困难。因此，我国目前儿童福利服务的缺乏反映了我国现阶段普惠型儿童福利制度仍然处于初级阶段。

适度普惠型儿童福利服务供给模式实际上几年前就在中国部分地区开始探索。2010 年 7 月，联合国儿童基金会、民政部、北京师范大学壹基金公益研究院，联合在 5 个省 12 个县的 120 个村开展了儿童福利示范区项目。在示范区项目村都建立了综合性儿童福利服务机构——儿童之家，每个儿童之家都设立了儿童主任，专门负责儿童福利服务工作。示范区儿童福利项目除了为孤儿和残疾儿童等特殊儿童提供服务之外，还包括针对社区所有儿童的健康档案、健康教育、社区环境卫生、早期教育和学期教育、法制教育和安全教育、社会救助、虐待干预等普遍性儿童服务。因此，可以说示范区项目已经在中国最贫困的农村地区适度普惠型儿童福利服务供给方面做了有益的探索。在经济发达地区，民政部还选定了浙江省海宁市和江山市、江苏省昆山市和苏州市作为先行先试地区探索建立“城乡四级”一体化儿童福利服务体系（以下简称“四级儿童服务体系”），并推动各地探索建立适度普惠型儿童福利制度的实践。先行先试地区儿童福利制度建设的目标任务包括:（1）建立“一普四分”儿童福利政府津贴制度。建立“普惠型、分层次、分类型、分区域、分标准”的儿童福利津贴制度，加大政府对儿童及家庭的扶持和保障力度，与当地经济社会发展水平相一致，与改革开放和市场经济体制建设中所处的地位相一致。（2）建立“城乡四级”一体化儿童福利服务体系。建立完善的儿童福利服务体系，依托公办社会福利院建立儿童福利服务指导中心，在街道和乡镇设立儿童福利服务工作站，在居委会、村委会设立专职儿童福利督导员，形成自上而下、深入社区和乡村的“局—院—站—员”四级工作网络，把各类政策和服务有效递送到儿童和家庭身边。

鉴于先行先试地区探索所取得的经验，2014 年 4 月 18 日民政部发布《民政部关于进一步开展适度普惠型儿童福利制度建设试点工作的通知》（民函〔2014〕105 号）（以下简称《通知》），决定在江苏昆山、浙江海宁、河南洛宁、广东深圳开展第一批适度普惠型儿童福利制度建设试点工作的基础上，在 46 个市（县、区）开展第二批试点工作。[1]《通知》确立的总目标是，扩大儿童福利范围，推动儿童福利由补缺型向适度普惠型的转变，建立健全城乡一体化、保障制度化、组织网络化、服务专业化、惠及所有儿童的儿童福利制度和服务体系。《通知》要求设立儿童福利指导中心、儿童福利服务工作站及儿童福利主任或儿童福利督导员。在试点地区依托市（县）儿童福利机构或综合性的社会福利机构设立儿童福利指导中心，依托街道或乡镇设立儿童福利服务工作站，依托村（居）委员会设立一名儿童福利主任或儿童福利督导员，形成纵向到底、信息共享的工作指导体系，开展儿童福利指导工作。在此基础上，依托儿童福利指导中心、儿童福利服务工作站和儿童福利主任，广泛动员专业化的社会服务组织参与，形成儿童福利服务体系，为有需求的儿童及其家庭提供教育辅导、心理疏导、监护指导、政策咨询、能力培训、帮扶转介、定期探访儿童等服务。

[1] 第二批试点地区名单：北京市房山区，天津市东丽区，河北省三河市，山西省闻喜县、朔州市平鲁区，内蒙古自治区鄂尔多斯市，辽宁省盘锦市，吉林省长春市、白山市，黑龙江省大庆市，上海市徐汇区，江苏省盐城市、张家港市、海门市，浙江省绍兴市、江山市、温州市，安徽省池州市、利辛县，福建省邵武市，江西省修水县、樟树市，山东省济宁市、荣成市，河南省漯河市、林州市、巩义市，湖北省老河口市，湖南省长沙市雨花区、望城区、临澧县、通道县，广东省佛山市三水区，广西壮族自治区平南县，海南省琼海市，重庆市永川区，四川省攀枝花市，贵州省大方县，云南省沾益县，西藏自治区拉萨市城关区，陕西省兴平市，甘肃省积石山县，青海省海东市乐都区、贵南县，宁夏回族自治区石嘴山市大武口区，新疆维吾尔自治区伊宁县。

第三节 | 中国儿童福利制度的未来发展

改革开放以来，中国儿童福利制度经过 30 多年的发展取得了巨大成就。总体来看，中国儿童福利制度已经走过了传统补缺型阶段，目前正向适度普惠型迈进。从目前的发展趋向来看，建设普惠型儿童福利制度将是中国未来儿童福利制度发展的最终目标。

一、普惠型儿童福利制度建设的意义

建设普惠型儿童福利制度的重要意义可以从很多角度来理解，以下仅从儿童和家庭两个角度来具体阐述。

（一）满足各层、各类儿童的福利需要

改革开放以来我国儿童健康、营养、生活、教育和发展状况持续改善，目前中国儿童福利制度建设已经基本上能满足传统特殊儿童的需求，并逐步向困境儿童拓展。但总体来看，儿童福利制度在得到显著发展的同时仍然存在很大问题，具体包括：城乡区域间儿童发展不平衡，贫困地区儿童整体发展水平较低；出生缺陷发生率上升，出生人口性别比偏高；学前教育公共资源不足，普及率偏低；义务教育发展不均衡，校际、城乡、区域间存在较大差距；贫困家庭儿童、孤儿、弃婴、残疾儿童、流浪儿童的救助迫切需要制度保障，等等。这些问题都需要有相关儿童福利政策和制度给予解决和回应。建立和完善适度普惠型儿童福利体系，并构建综合性儿童福利服务供给模式，可以有效满足不同经济发展水平条件下不同层次和不同类别儿童的各种福利需求。普惠型儿童福利制度为儿童提供必要的生存、发展、受保护和参与的机

会和条件，将为儿童一生的发展奠定重要基础，同时也为国家未来提供宝贵的人力资源。

（二）对于家庭的意义

1. 减轻家庭负担，节约社会成本。

普惠型儿童福利制度最重要的作用是能够减轻家庭负担，让更多的父母进入劳动力市场，为国家建设做贡献。例如，学龄前的儿童福利服务供给不仅让儿童受益，更重要的是减轻了家庭的负担。从某种意义上说，学龄前儿童福利服务是对家庭功能的重要补充，这对于那些中低收入家庭尤其重要。目前我国将幼托事业划归教育领域已成为习惯。从理论的角度来看，虽然幼儿园和托儿所的功能之一是为儿童入学做好准备，但总的说来应该是以生活照顾为本。在现代社会，由于家庭的小型化，儿童的家庭照顾很难获得充足的人手。在这种情况下，即使是日托儿童，家长对生活照顾的需求实际上也远远高于教育需求。再如，残疾儿童需要父母花费更多的时间和精力对他们进行看护。由于残疾儿童的特殊性，他们对教育、医疗和康复的需要也远远强于普通儿童。由于中国的计划生育政策，家庭的规模已经变得很小。如果没有老人的帮助，照顾幼儿的重担只能由年轻的父母承担，这将使很多年轻人被迫困在家庭里。因此幼托事业实际上减轻了家庭的负担，是把学龄前儿童的监护人解放出来，使他们可以更好地从事经济和其他社会活动。

发展儿童福利事业还可以降低社会成本。以校车为例，我国农村地区的年轻人大都外出打工，让老年人接送儿童很不方便，而让儿童自己上学和回家很不安全。因此，在农村地区发展校车服务，既可以减少儿童的安全隐患，又可以让家长安心地从事生产活动，创造更多的社会价值。在城市地区发展学龄前儿童校车服务至少有三个方面的好处:（1）每天由家长接送儿童上学和放学的人工成本非常大，这势必会影响家长的工作甚至使部分家长不得不退出劳动力市场。（2）在北京、上海等大城市，家长开车接送儿童会加剧本来就已经很紧张的交通压力。发展校车服务可以缓解城市的交通压力。（3）统一的校车接送还可以从小培养儿童的平等意识，有利于和谐社会建设。因此，发展校车服务可以极大地节约社会成本。

2. 缓解城乡家庭贫困并促进社会平等。

在西方发达国家，贫困类型中最典型的一类是单亲家庭贫困和女性贫困。那些有未成年子女的父母需要耗费大量的时间和精力照顾孩子，这往往导致这些家庭中的女性很难有时间去工作，进而减少家庭收入。并且，这些家庭的父母即使参加工作，往往也只能找一些离家近或临时性的低收入工作。由于女性承担了更多的儿童照顾责任，与男性相比，女性在事业上往往处于弱势地位,因此女性贫困也是家庭贫困的重要特征。而对于单亲家庭来说，由于孩子的拖累很难去工作，因而容易导致家庭贫困。近年来在我国劳动力市场不断加剧的性别歧视就与儿童福利服务不发达密切相关。因此，提供儿童福利服务有利于将这些有儿童的父母解放出来，使他们能够安心工作并增加家庭收入，进而达到反贫困的目的。更重要的是，儿童福利服务供给是一种“上游干预”的反贫困政策，具有明显的贫困预防功能。原因在于，在经济全球化的环境下，消除贫困不仅代价高昂，也是很难实现的事情。对于那些难以进入劳动力市场的贫困父母来说，贫困问题是由于人力资本缺失而被劳动力市场排斥的结果，因而最根本的帮助方法就是使他们重新进入劳动力市场并且具有一定的竞争能力。对于儿童本身来讲，公共性儿童福利有利于消除起点不公平，进而减少未来贫困现象的发生。

二、中国儿童福利制度的发展路径

家庭是满足儿童各种需要最重要和最有效的场所。良好的家庭环境有助于儿童的身心健康、学业表现以及未来的发展，并会减少儿童出现各种不良行为的机率（如逃学、吸毒或犯罪等）。一个稳定、和谐、功能正常的家庭是儿童幸福和社会稳定的根本，儿童福利服务的最终目标是为儿童提供或设法维护这样一个家庭环境，其他组织提供的服务（包括政府和社会）的目的是支持和补充家庭的这一角色。但一个不可否认的事实是：随着社会的发展，家庭功能呈现出逐渐弱化的趋势，政府在儿童保护和满足儿童福利需求方面发挥的作用越来越大，儿童福利的发展过程实际上是政府对家庭功能的替代和补充的过程。

中国儿童福利的范围也是随着经济发展、社会文明进步而逐步拓展的。儿童福利的对象目前已经从传统孤残拓展到基本覆盖所有困境儿童，最终目标必然是所有儿童。因此，我国儿童福利制度发展设计应以家庭为中心，针对不同的家庭类型分别采用替代性儿童福利、补充性儿童福利和支持性儿童福利。具体来说，对于已经无法回到原生家庭的儿童（例如孤儿、弃婴等），只能选择替代性儿童福利，即机构供养、寄养或收养。对于生活在“问题家庭”（例如家长有吸毒、盗窃等违法行为，或有虐待、摧残、遗弃子女等行为）中的儿童，其父母客观上不适宜对儿童实施监护和养育，可以探索实施监护权的转移，让这些生活在问题家庭中的儿童暂时或永久由儿童福利机构行使监护权。基于儿童福利的家庭最优理念，对于机构供养的儿童要尽力为他们创造家庭养育环境，采取“类似家庭”的养育方式，以减少这些福利机构儿童的心理问题，保证他们的社会化顺利进行。对于生活在部分功能家庭（包括贫困家庭、单亲家庭、监护人本身残疾的家庭等）中的儿童，应当通过补充性儿童福利来补足其家庭功能，尽可能满足生活在这些家庭中儿童的基本需求，例如，可以为这些家庭提供福利服务支持、家庭现金补助等。对于生活在正常家庭中的儿童，应通过支持性儿童福利来改善其家庭功能。例如，提供儿童免疫和医疗保险等，以帮助改善儿童的医疗卫生状况；提供免费的营养午餐，以改善儿童的营养状况；给儿童提供幼托服务以减轻家庭负担；提高基础教育服务的水平，改善低收入家庭中的儿童教育状况；给低收入家庭提供资金补助等。

从政府对家庭功能的替代强弱来看，儿童福利供给从高到低可以分为替代性儿童福利、补充性福利和支持性福利三个层次，而儿童福利制度按照水平高低可以分为“残补型”、“制度 / 普惠型”两种。如果将儿童福利供给和儿童福利制度类型进行交叉组合，则恰好能够反映出我国 1949 年以来儿童福利发展的历史轨迹，即中国儿童福利制度发展从补缺型向适度普惠型，并最终发展成为普惠型（见图 7.1）。从图中可以看出，在传统残补型儿童福利制度阶段，国家只为失去家庭保护的特殊儿童提供帮助，儿童福利供给的方式是将这些孩子送到儿童福利院进行替代性养护。目前的中国儿童福利制度可以看作一个过渡性阶段，政府和社会着力建设的是一个适度普惠型的儿童福利制度。儿童福利对象是困境儿童，即完全丧失家庭保护的儿童和生活在部分家庭功能中的儿童。在这种情况下，儿童福利供给既有替代性儿童福利也有补充性儿童福利。随着未来经济社会和人口结构等因素的发展变化，中国必然走向普惠型的儿童福利制度。到那个阶段，儿童福利将面向所有儿童，为所有家庭提供各种形式的福利和帮助。

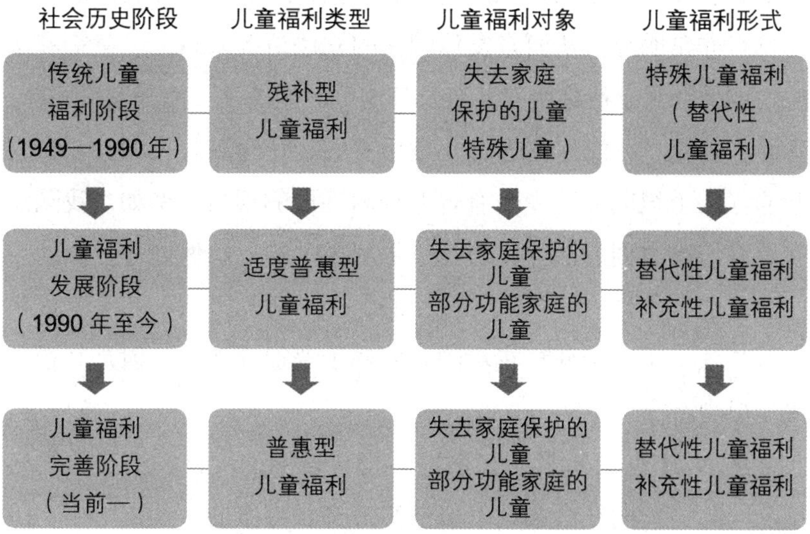

图 7.1　中国儿童福利制度发展路径示意图

要实现普惠型儿童福利最重要的是要有强有力的法律依据，基本设想是要从宏观到微观，从高层到基层形成一整套可操作的政策体系。具体而言，国家要制定一部综合性的儿童福利法，把替代性儿童福利、补充性儿童福利和支持性儿童福利整合在一起，并以法律的形式固定下来。同时，部、省两级要制定落实儿童福利法的实施细则，制定儿童福利的保障标准。县（市、区）一级应制定落实办法，保障各项儿童福利政策的实施。从目前的情况来看，我国至今尚没有一部完整的儿童福利法，大多数与儿童相关的法规和政策是以通知、规范、意见、办法等行政规章的形式存在。已有的这些法律、法规和政策规定还有以下缺陷：首先，儿童福利法制规范的立法层次低。虽然《义务教育法》、《未成年人保护法》等较高层次的法律有很强的约束力，但是更具操作性的还是行政法规、部门规章和地方法规，这种状况不利于我国儿童福利事业走向法制化和制度化。其次，未成年人福利法的补救性特点非常明显。从西方发达国家的立法情况来看，儿童福利法的内容是针对全社会所有儿童及其家庭。立法项目涉及家庭津贴、营养、教育、医疗保健等与儿童相关的一切领域。我国在儿童福利的立法上很明显缺少带有普遍福利性质的项目。例如，我国没有家庭津贴方面的法律，与儿童福利相关的妇幼保健等方面的专门法律还很不健全。虽然《婚姻法》、《义务教育法》和《未成年人保护法》中关于儿童福利的条款属于普遍性法律，但是其福利成分很少。

进入21世纪以来，在家庭结构和功能的变化、社会结构转型、国际与国内社会福利发展形势等多种因素的共同影响下，国内学界目前已经有很大的力量在推动儿童福利政策总体框架设计与福利服务体系建设。目前进行中国儿童福利总体政策框架设计的时机和社会条件已经成熟，如何科学制订中国儿童福利政策总体框架，推动《儿童福利法》的立法工作已成当务之急。儿童福利政策框架设计要回答众多重大基础理论与政策问题：中央政府与地方政府对儿童福利责任承担问题，这主要体现在资金来源和职能划分上；替代性儿童福利与支持性儿童福利关系问题，这主要体现为对不同功能类型的家庭支持；儿童福利事业的国际惯例与中国特色关系问题，这主要体现在国际经验与中国实践相结合等。儿童福利法律体系的建立不仅反映了一个国家福利水平的成熟程度，也标志着一个国家的社会进步和发展的总体水平。因此，中国儿童福利政策框架设计需要在立足于儿童福利发展的现状和未来的基础上，借鉴和参考儿童福利法相对成熟的国家的经验，去构建有中国特色社会主义的儿童福利法规体系。

与综合性儿童福利法相一致，高水平的儿童福利也需要有一个统一的儿童福利行政体制去推动儿童福利政策的实现。从我国的情况来看，目前尚没有在中央和地方政府层面建立专职负责规划和指导儿童工作的职能部门，只是在政府机构和群众团体中设立了一系列面向儿童的工作机构和组织。这种松散的儿童福利工作的行政体制有一定的缺陷，容易导致儿童工作的开展各司其职。儿童福利经费由各部门分别预算和支出，降低了经费使用的效益，容易造成分散、重复、浪费等问题。我国目前虽有国务院儿童工作协调委员会定期召开会议讨论儿童问题的解决，但这个组织毕竟是松散的协调机构，不具有行政权力和必要的人力资源配置，发挥的作用十分有限。由于社会变迁迅速，儿童问题也日益多元化和复杂化，出现的一些新问题也需要综合性的儿童工作部门进行协调和处理。因此，有必要在中央和地方层面推动成立综合性儿童福利行政机构（例如，儿童福利局），以更好地协调关系、整合资源，推动儿童福利工作的发展。

参考文献

一、中文著作

安作璋主编：《中国古代史史料学》，福建人民出版社，1998 年版。

考斯塔·艾斯平-安德森：《福利资本主义的三个世界》，郑秉文译，法律出版社，2003 年版。

白益华、吴忠泽：《社会福利》，中国社会出版社，1996 年版。

陈云凡：《中国特殊教育发展报告》，载郑功成主编：《中国残疾人事业发展报告》，人民出版社，2011 年版。

陈恕祥主编：《美国贫困问题研究》，武汉人民出版社，2000 年版。

陈桦、刘宗志：《救灾与救贫：中国封建时代的社会救助活动（1750—1911）》，中国人民大学出版社，2005 年版。

成海军：《中国特殊儿童社会福利》，中国社会出版社，2003 年版。

丁开杰、林义选编：《后福利国家》，上海三联书店，2004 年版。

窦玉沛主编：《重构中国社会保障体系的探索》，中国社会科学出版社，2001 年版。

郭静晃：《儿童福利》，扬智文化事业股份有限公司，2004 年版。

《国语·越语》，上海古籍出版社，1978 年版。

景天魁、毕天云、高和荣等：《当代中国社会福利思想与制度：从小福利迈向大福利》，中国社会出版社，2011 年版。

鞠青等：《中国流浪儿童研究报告》，人民出版社，2008 年版。

鞠青主编：《中国工读教育研究报告》，中国人民公安大学出版社，2007 年版。

吉尔伯特、特雷尔：《社会福利政策导论》，黄晨熹译，华东理工大学出版社，2003 年版。

黄黎若莲：《中国社会主义的社会福利——民政福利工作研究》，中国社会科学出版社，1995 年版。

洪大用：《转型时期中国社会救助》，辽宁教育出版社，2004 年版。

李焘：《续资治通鉴长编》，台北世界书局 1964 影印本。

李汉林：《中国单位社会：议论、思考与研究》，上海人民出版社，2004 年版。

梁其姿：《施善与教化——明清的慈善组织》，河北教育出版社，2001 年版。

陆士桢、魏兆鹏、胡伟：《中国儿童政策概论》，社会科学文献出版社，2005 年版。

洛克：《政府论》，商务印书馆，1983 年版。

洛易斯·惠勒·斯诺：《斯诺眼中的中国》，王恩光等译，中国学术出版社，1982 年版。

迈克尔·米特罗尔、雷音哈德·西德尔：《欧洲家庭史——中世纪至今的父权制到伙伴关系》，赵世玲、赵世瑜、周尚意译，华夏出版社，1991 年版。

尼尔·吉尔伯特：《社会福利的目标定位——全球发展趋势与展望》，郑秉文译，中国劳动社会保障出版社，2004 年版。

秦孝仪主编：《革命文献》，台北中国国民党中央委员会党史委员会，1984 年版。

时正新：《中国社会救助体系研究》，中国社会科学出版社，2002 年版。

孙秉耀、常宗虎：《中国社会福利概论》，中国社会出版社，2002 年版。

尚晓媛：《中国弱势儿童群体保护制度》，社会科学文献出版社，2008 年版。

王子今、刘悦斌、常宗虎：《中国社会福利史》，中国社会出版社，2002 年版。

王彦斌、赵锦云：《儿童福利社会化重构“昆明模式”》，社会科学文献出版社，2006 年版。

王国平、唐力行编：《明清以来苏州社会史碑刻集》，苏州大学出版社，1998 年版。

杨团、张秀兰主编：《当代社会政策研究Ⅱ》，中国劳动社会出版社，2007 年版。

叶敬中、詹姆斯·莫瑞：《关注留守儿童：中国中西部农村地区劳动力外出务工对留守儿童的影响》，社会科学文献出版社，2005 年版。
张文：《宋朝社会救济研究》，西南师范大学出版社，2001 年版。
张謇：《张謇全集》第四卷，江苏古籍出版社，1994 年版。
郑杭生主编：《社会学概论新修（第三版）》，中国人民大学出版社，1994 年版。
郑功成：《论中国特色的社会保障道路》，武汉大学出版社发，1997 年版。
周震欧：《儿童福利》，台湾巨流图书公司，2001 年版。
周宏：《福利的解析：来自欧美的启示》，上海远东出版社，1998 年版。

二、中文论文和研究报告

安宁：《中国现行艾滋孤儿救助安置政策》，《社会福利》，2005 年第 4 期。
毕伟：《国内流浪儿童状况研究综述》，《云南民族大学学报（哲学社会科学版）》，2008 年第 6 期。
陈竹君、张莉清：《抗战期间国民政府社会部的儿童福利工作述论》，《乐山师范学院学报》，2007 年第 9 期。
成海军：《中国当代的儿童福利》，《社会福利》，2004 年第 1 期。
程福财：《中国流浪儿童福利政策的绩效：基于流浪儿童视角的分析》，《社会科学》，2009 年第 4 期。
戴建兵、曹艳春：《论我国适度普惠型社会福利制度的建构与发展》，《华东师范大学学报（哲学社会科学版）》，2012 年第 1 期。
窦玉沛：《儿童福利：从补缺型向适度普惠型转变》，《社会福利》，2011 年第 4 期。
古为明：《中国战时儿童保育会述略》，《抗日战争研究》，2006 年第 4 期。
甘薇薇：《以“明天计划”、“蓝天计划”为契机推动儿童福利全面发展》，《社会福利》，2007 年第 10 期。
高晓晖、方为民等：《艾滋病高发区艾滋孤儿管理模式现况及对策》，《中国公共卫生》，2010 年第 12 期。
黄翠萍：《艾滋孤儿家族抚育模式：问题及对策》，《河北青年管理干部学院学报》，2010 年第 1 期。
和建花、蒋永萍：《从支持妇女平衡家庭工作视角看中国托幼政策及现状》，《学前教育研究》，2008 年第 08 期。
胡小京：《抗日战争时期国民政府的儿童福利政策——以重庆北碚儿童福利实验区为例》，《西南农业大学学报》，2010 年第 2 期。
洪大用：《改革以来中国城市扶贫工作的发展历程》，《社会学研究》，2003 年第 1 期。
蒋勤：《公民资格与全面福利——T.H. 马歇尔公民资格理论评述》，《社会福利》，2003 年第 1 期。
李文、汪三贵、王姮：《贫困地区寄宿制学生营养餐项目效果评估》，《农业技术经济》，2011 年第 6 期。
李迎生：《特殊社会救助模式——“孤残儿童家庭寄养模式”评析》，《云南社会科学》，2003 年第 5 期。
林闽钢：《中国适度普惠型社会福利体系发展战略》，《中共天津市党校学报》，2011 年第 4 期。
刘继同：《当代中国的儿童福利政策框架与儿童福利服务体系（下篇）》，《青少年犯罪问题》，2008 年第 6 期。
刘华蓉：《解决农民工子女入学问题收效良好》，《中国教育报》，2008 年 8 月 1 日第 1 版。
刘保仓：《河南省艾滋遗孤救助体系和安置模式》，《社会福利》，2005 年第 10 期。
刘斌志：《我国艾滋孤儿研究：回顾与前瞻》，《中国农业大学学报（社会科学版）》，2011 年第 1 期。

陆士桢:《简论中国儿童福利》,《华中师范大学学报(哲学社会科学版)》,1997 年第 6 期。
陆士桢、常晶晶:《简论儿童福利和儿童福利政策》,《中国青年政治学院学报》,2003 年第 1 期。
陆士祯:《适度普惠社会保障体制下的社会福利服务——以儿童福利的视角》,《社会保障研究》2010 年第 2 期。
卢廷明:《实现适度普惠型儿童福利的构想》,《社会福利》,2009 年第 7 期。
马玉卓:《农村家庭寄养模式中孤残儿童的社会适应行为效果探析》,《社会工作》,2010 年第 8 期。
农村义务教育学生营养改善计划评估项目组:《农村义务教育学生营养改善计划评估报告》,http://www.mofcom.gov.cn/article/difang/henan/201305/20130500142497.shtml。
彭华民:《中国组合式普惠型社会福利的构建》,《学术月刊》,2011 年第 10 期。
宋小江:《秉承张謇教育思想,开拓现代特教之路》,《现代特殊教育》,2009 年第 7 期。
苏新有:《抗战时期国民政府难童救济述论——以赈济委员会儿童教养院为例》,《贵州社会科学》,2011 年第 7 期。
尚晓媛、伍晓明、万婷婷:《从传统到现代:从大同经验看中国孤残儿童福利的制度选择》,《青年研究》,2004 年第 7 期。
尚晓援:《公民社会组织与国家之间关系考察—— 来自三家非政府儿童救助组织的启示》,《青年研究》,2007 年第 8 期。
佟梅:《熊希龄与香山慈幼院》,《北京档案》,2000 年第 9 期。
史铁尔:《单位体制下的福利———以 M 单位为例》,《华东理工大学学报(社会科学版)》,2007 年第 3 期。
吴娅丹:《社会风险视角下的艾滋病孤儿抚育模式选》,《青年探索》,2008 年第 3 期。
吴淑珍:《宋庆龄与中国儿童福利和教育事业》,《中山大学学报》,1988 年第 3 期。
王先进:《从机构照顾到家庭寄养看我国儿童福利服务政策的转变》,《长沙民政职业技术学院学报》,2007 年第 1 期。
王洪伟等《"关系孤岛":农村艾滋孤儿社会化困境及纾解途径》,《中南民族大学学报(人文社会科学版)》,2009 年第 4 期。
王君健《受艾滋病影响儿童抗逆力养成的社会工作介》,《中国青年研究》,2009 年第 11 期。
王思斌:《我国适度普惠型社会福利的构建》,《北京大学学报(哲学社会科学版)》,2009 年第 3 期。
汪庭馀:《浅谈福利院儿童照顾模式转变》,《社会福利》,2003 年第 2 期。
项继权:《农民工子女教育: 政策选择与制度保障——关于农民工子女教育问题的调查分析及政策建议》,《华中师范大学学报(人文社会科学版)》,2005 年第 3 期。
谢启文《阳光家园中艾滋致孤儿童养成教育探析》,《社会工作(学术版)》,2009 年第 7 期。
闫亚平、纪宗安:《太平洋战争爆发前后广东对难童的救济》,《广西社会科学》,2008 年第 3 期。
杨生勇,冯晓平:《中国儿童福利研究综述》,《中国青年研究》,2006 年第 1 期。
叶曼、张静平、贺达仁:《留守儿童心理健康状况影响因素分析及对策思考》,《医学与哲学(人文社会科学版)》,2006 年第 6 期。
赵有梅、张照青:《论张謇举办慈善事业的缘起》,《西南交通大学学报(社会科学版)》,2007 年第 3 期。
周长根:《工读耕耘四十载》,《青少年犯罪问题》,1999 年第 2 期。
张延军:《儿童福利机构:家庭寄养工作调查》,《社会福利》,2007 年 2 期。
张齐安、杨海宇:《中国流浪儿童》,《社会福利》,2002 年第 9 期。

张慧:《云南省艾滋孤儿救助问题的探讨》,《中南民族大学学报(人文社会科学版)》,2006 年第 3 期。
张晓霞:《美法两国儿童福利制度的差异比较》,《社会》,2003 年第 6 期。
张春霞:《政府履行职责是幼教事业发展的基本保证》,《学前教育研究》,2007 年第 01 期。
曾晓东:《我国幼儿教育由单位福利到多元化供给的变迁》,《北京师范大学学报(社会科学版)》,2006 年第 2 期。
中国公益研究院儿童福利研究中心:《中国儿童福利月度分析(6 月 1 日至 6 月 30 日)》,2014 年第 6 期。
中国发展研究基金会:《农村学生营养改善计划的政策演进》,http://www.cdrf.org.cn/plus/view.php?aid=416。

三、中文网站

国家统计局:《中国统计年鉴》电子版,http://www.stats.gov.cn。
民政部:《民政事业发展统计公报》,http://cws.mca.gov.cn。
中国儿童福利与收养中心主页:http://syzx.mca.gov.cn/article/jgzn/znjs/。
中国残疾人联合会:《2013 年中国残疾人事业发展统计公报》,http://www.gov.cn/xinwen/2014-03/31/content_2650048.htm。
卫生部:《2010 年我国卫生事业发展统计公报》,http://www.moh.gov.cn/publicfiles/business/htmlfiles/mohwsbwstjxxzx/s7967/201104/51512.htm。
新华网: http://news.xinhuanet.com/newscenter/2004-09/07/content_1952048.htm。

四、英文著作和论文

Fox Harding(1996),*Family, State and Social Policy*, Basingstoke:Macmillan Press Limited.
Harod Wilensky and Charles Leberux(1965),*Industrial Society and Social Welfare*, The Free Press:New York.
Thomas N.(2000), *Children, Family and the State*:*Decision-making and Child Protection*, Basingstoke,Hampshire:Macmillan;New York:St. Martin' s Press.
Shaohua Chen and Martin Ravallion(2008),"The Developing World Is Poorer Than We Thought, But No Less Successful in the Fight against Poverty",World Bank Policy Research Working Paper,No. 4703,August.

图书在版编目(CIP)数据

国与家的博弈：中国儿童福利制度发展史 / 姚建平著.
—上海：格致出版社：上海人民出版社，2015
ISBN 978 - 7 - 5432 - 2562 - 6

Ⅰ. ①国… Ⅱ. ①姚… Ⅲ. ①儿童福利-福利制度-历史-中国 Ⅳ. ①D632.1

中国版本图书馆 CIP 数据核字（2015）第 212145 号

责任编辑 顾 悦
装帧设计 人马艺术设计·储平

国与家的博弈：中国儿童福利制度发展史
姚建平 著

出 版	世纪出版股份有限公司 格致出版社 世纪出版集团 上海人民出版社 （200001 上海福建中路 193 号 www.ewen.co） 编辑部热线 021-63914988 市场部热线 021-63914081 www.hibooks.cn	印 刷	上海商务联西印刷有限公司
		开 本	787×1092 1/16
		印 张	14
		插 页	2
		字 数	161,000
		版 次	2015 年 11 月第 1 版
发 行	上海世纪出版股份有限公司发行中心	印 次	2015 年 11 月第 1 次印刷

ISBN 978-7-5432-2562-6/C·135 定价：38.00 元